知的生きかた文庫

幸も不幸もないんですよ

小林正観

JN109276

二立書房

はじめに

小林正観

　私はこれまで40年、

「宇宙はこんなふうになっているらしい」

「こんなふうにすると宇宙が味方をしてくれるらしい」

　というようなことを研究・収集してきました。

　そういう「楽しい系」の現象だけを集める収集家でありたいと思ってやってきたので、そういう楽しい話、幸せな話がけっこうたまっていました。

　世の中には「このままではだめだ」「足りないものを手に入れられないと不幸だ」というような論調が多いのですが、「こうすると幸せを感じられるみたいだ」という楽しい宇宙法則・方程式も、決して少なくはないのです。

　本書では、それらの中から、その仕組みや構造が「幸せ」につながっているらしい、というものを選び、読んで楽しくなりそうなもの、幸せを感じられそうなことをまとめました。

もくじ

第1章

肝心な「お金の宇宙法則」

第2章

幸せな「人間関係」の話

第3章

ラクは楽しい「仕事」の話

第4章

穏和な「家庭と夫婦」の話

第5章

大事な「心と体の健康」の話

第6章

必要なのは「努力より運やツキ」

第7章

神仏も喜ぶ「不思議現象」の話

編集協力：株式会社ＳＫＰ　小林久恵
株式会社ぷれし～ど　高島亮

第1章

肝心な「お金の宇宙法則」

お金には基本的な性格がある

宇宙のいろいろな構造を研究してきて、お金に関して「こうかな」「こうなっているらしいな」と思えることが、いくつかありました。

そのうちの一つ。

お金にも基本的な人格があるようなのです。

それは、「喜ばれたい」というもの。すべての鉱物、すべての植物、すべての動物、すべての人間が、「喜ばれたくて」この世に存在しています。

植物にしても動物にしても、「生きている」という状態は確認できるでしょう。

鉱物や無機物については、「生きている」という確認がしにくいことは確かです。が、「すべてのものが〝喜ばれたくて〟存在している」ということがわかると、鉱物や無機物にも「生きている」状態があることがわかります。

それは「機能がある」ということ。

例えば、コーヒーカップ。

コーヒーなどを入れられる状態なら（壊れていなければ）、〝機能〟がある状態です。

別の言葉で言うと「生きている」のです。なにかの役に立つようにモノは存在しているのですが、その〝機能〟を保持、維持している状態が「生きている」状態。

〝機能〟がなくなった（壊れた）、コーヒーなどを入れることができない、という状態が、人間の言葉で言うと「死んだ」ということになります。

「役に立っている」（まだ〝機能〟がある）ときは「生きている」、その役が務まらなくなった（壊れた。〝機能〟がなくなった）ときが「死んだ」ときです。

「生きている」ときは「魂《たましい》」が入っています。

この「魂」は、〝鉱物→植物→動物〟という生まれ変わりを重ねて、ついに人間の〝着ぐるみ〟を得ることになります。私たちは（人間すべてが）鉱物、植物、動物といった生まれ変わりを経て、人間にまで、ようやくたどりついた存在なのでした。

「魂」の方向性は常に一つ。「喜ばれたい」「喜ばれるとうれしい」というものです。

さて、この基本的な構造がわかってしまうと、お金に対する考え方や接し方が変わってきます。

お金も、常に「喜ばれたい」のです。「喜ばれるように使う」と、お金自身がうれしいらしいのです。

多くの人が勘違いしているのが、「お金をため込む」という部分でしょう。

お金一つひとつに入っている「魂」は、すべてが「喜ばれたい」ので、「ため込まれてまったく使われない」ことになると、哀しい思いをするらしいのです。

「あの人のところに行っても、全然使ってもらえないんだよね」と、お金どうしが情報交換し、しだいにその人のもとに集まらないようになってきます。

人のためにお金を使うのが〝長者〟
自分のためだけにお金を使うのが〝金持ち〟

江戸時代から日本の首都になった江戸に対して、関西はもっとずっと古くから日本の中心でした。江戸時代でさえも、経済の中心は大阪（当時は大坂）だったのです。

関西の人たちのお金の使い方は、「喜ばれること」が常にベースにありました。

大阪の有名な道頓堀《どうとんぼり》。

これは安井《やすい》道頓《どうとん》という個人がお金を出して掘ったものでした。その個人の名前を取った道頓堀。

岡田《おかだ》心斎《しんさい》という個人がお金を出して作ったのが心斎橋《しんさいばし》。

淀屋《よどや》さんがお金を出して作ったのが淀屋《よどや》橋《ばし》。

個人出資によって公共的な物が、次々と作られました。関西の〝長者さん〟たちには、「いかに〝喜ばれるように〟お金を使うか」という思想があったように思います。

ちなみに、自分のためだけにお金を使う、自分が使うだけのためにお金をため込んでいる、という江戸の人々を、関西の〝長者さん〟たちは「金持ち」と呼びました。「確かにお金を〝持って〟はいるけどね」というニュアンスでしょうか。

阪神淡路大震災のとき、多くの企業がいろいろな生活用品を無料で提供したとき、一杯500円のラーメン屋が出現したという話を聞いたことがあります。

半年後にはだれも行かなくなって倒産した、という結果も聞きました。関西の人々にとっては特に、「お金をどう使うか」「どう喜ばれるように使うか」というテーマが大事なようです。もうければいい、たくさんためればいい、というのではなく、「いかに使うか」ということに、関西の人々の基本的な価値観があったのかもしれません。

関西では、(今の言葉で言うと)「大金持ち」の人のことを「良き衆《よきしゅう》」と呼びました。「中金持ち」(こういう言葉はありませんが、表現しやすいので勝手に作りました)に対しては「長者」、「小金持ち」に対しては「分限者《ぶげんしゃ》」と呼んだのです。

「良き衆」や「長者」は、橋を架《か》けたり、文化や芸術を応援したりするために、惜しみなくお金を使ってくれる人々でした。

財布の中で毎晩お金どうしが情報交換をしている

お金にも「魂」があります。「喜ばれたい」「喜ばれるように使ってもらいたい」といつも願っていると書きました。

ですから、喜ばれるように使ってくれると、うれしい。

いろいろな財布の中で、お金どうしが、毎晩毎晩、情報交換をしています。

「○○さんのところへ行くと、とても喜ばれるように私たちを使ってくれるんだよ」「じゃあ、私も仲間を誘って○○さんのところへ行ってみようかな」

というわけです。

反対に、「△△さんのところへ行っても、ギャンブルで使ったり、自分のぜいたくだけに使ったりして、私たちはあまり喜ばれない存在になってしまうみたい」

「ふーん、そうか。それではつまらないから〝喜ばれる〟ように使ってくれるだれかを探そう」

という会話もなされているに違いありません。

お金との上手なつき合い方

お金との上手なつき合い方を書いておきましょう。

――ギャンブルにのめり込まない

――自分だけのぜいたく・華美に使わない

――ため込まない

ということになります。

「喜ばれるように」使う実例としては、あまりはやっていないお店でお金を使うこと。

ものすごくはやっているラーメン屋さんは1日に1000食も出るそうです。

「私」が払うラーメン代金は1000分の1。

その2～3軒隣に、ほとんど人が入っていないラーメン屋があります。そこで「私」が払うラーメン代は、10分の1（10％）にもなるかもしれません。そういう店における支払いは、ものすごく喜ばれます。

「まずいラーメンはどうするのか」

といつも聞かれます。

「おいしくなってくれてありがとう」「私の体の一部になってくれてありがとう」と声をかけると、まずかったラーメンも（ほかの食べものも）みんなおいしくなります。

なるべく「喜ばれるように」お金を使う。

すると、3年後くらいから、不思議なお金の入り方が始まります。

仲間を連れて帰ってきてくれる不思議な財布

ほぼ毎月、東京で「月1正観塾」という5時間講座をやっています。「株式会社ぷれし〜ど」という会社の主催なのですが、数年前、こんなことがありました（現在は正観塾師範代〈高島亮《たかしまりょう》〉さんによる「ぷれし〜ど」正観塾に引き継がれています）。

5時間の中で夕食や休憩の時間があるのです。トイレに行きました。そのときに頭の中でこんな言葉が聞こえました。

「財布を作りなさい。友を呼ぶ財布を作りなさい」、と。

「言われた」というのは、当然「だれから？」ということになるのですが、「上のほうから」としか答えようがありません。とても怪《あや》しい話ですが、とにかくそう言われたのです。

講演に戻り、皆さんを前にして、

「とても不思議なことですが、突然、上のほうから財布を作れと言われました」

と言いました。

ただ、私は財布にかかわったことがありません。

「財布を作るメーカーのかたをご存じでしたら、紹介してもらえませんか」

という質問をしました。

そうしたら、あら不思議。その中に「財布を作って20年」というかたがおられたのです。

「できることはなんでもお手伝いします」

との申し出をいただきました。

トイレに行ってその言葉を受けた、というのは、それを聞いていた人が数十人いるので、その人たちが証人です。ぷれし～どの高島亮社長も聞いていました。それまで財布のことなどまったく話題に出ていなかったので、驚いたそうです。が、もっと驚いたのは、そこに財布作りのプロがいた、ということでした。

そのかたが中心となって、財布作りが始まりました。

デザインを考えたのは私です。財布の名称は「友を呼ぶ財布」。財布を開くと、「たくさんの仲間を呼んでくれてありがとう」「おはようおかえり」と書いてあります。「おはようおかえり」というのは大阪弁で、「早く帰ってきてね」とのあいさつです。

「友を呼ぶ財布」には、二つの部屋がありますが、その仕切りの布には、金文字で「ありがとう」の文字がびっしり、約1000個にもなります。

右側には「あなたに会えてうれしい楽しい幸せありがとう」の文字も入れました。これらの文字に囲まれているお札に、居心地のよい環境を提供しようというわけです。

各種の事情で出て行かなくてはいけないときは、「たくさんの仲間を連れて帰ってきてね」と言い聞かせている財布なのです。

神様が応援してくれている財布

さて、この財布、まだまだ不思議に満ちています。

株式会社ぷれし～どが販売元として作っている（購入は全国の「うたしショップ」で可能）のですが、発売以来まったく売れ行きが落ちていません。ほとんどのところでは、2～3カ月待ちという品薄状態が何年も続きました。

とんでもない安さ、というのも歓迎されている理由のひとつでしょう。

私たちはもうけることが目的ではないので、破格の安さなのです。でも、決して粗悪品ではありません。あるかたがこんな手紙をくれました。

――こんな価格なので、どんな粗悪品かと思い、同じものを二つ買って帰った。町工場を経営しており、自分も物作りの職人である。安くて粗悪という品をたくさん見てきたので、どうせろくなものじゃない、と思い、全部糸を外してばらしてみた。開けてびっくりした。まさかこんな丁寧《ていねい》な仕事をしているとは思わなかった。疑ってほんとうに申し訳なかった――

という内容でした。

物作りの職人さんから見ても、すごい財布らしいのです。

もう一つの話。これは財布を作ってくれている製作現場の話です。

通常、財布の革（この財布は牛革）の染めは15％ほど染めむら（失敗）が出るのだそうです。ところが、この財布に限ってはまったく染めむらがなかった、ゆえにこんな安い価格で作れた、とのことでした。

20年やってきて、染めむらが出なかったのは、これが初めてだそうです。

どうも、この財布は神様が応援をしているらしい。

何者かが「作れ」といったのは、「作ったら応援するぞ」という意味だったらしいことがわかりました。

この財布に、生まれて初めて買った10枚の宝くじを入れ、毎日「ありがとう」を言い続け、笑顔でトイレ掃除を続けた人がいます。その10枚の中の1枚が、2億円の当たりくじでした。100万、1000万当てた人もおられました。

財布は初めに入ってきた金額を記憶する

「壱丁円札」と書きました。

「1兆円札」ではありません。

ここから先、出てくるのは「壱丁円」がほとんどです。

「友を呼ぶ財布」が世に出たころ、さらに楽しい情報がもたらされました。

「新しい財布には、初めて入れた金額の記憶が残るらしい」

というものです。

初めての金額が1万円だった財布は、「自分は1万円くらいの金額を維持する財布みたいだ」と認識するらしい。初めての金額が20万円の場合は、「自分は常時20万円ほどの金額を維持する役割のようだ」と認識するらしい、ということがわかりました。

自らが仲間を呼んでくれて、金額を維持しようとするらしいのです。ゆえに、初めての金額は多めに、という話に発展しました。

最初に、1000円札をいくつかに折って、ゼロをたくさん並べて「勘違いさせよう」という人がいました。

1000円札の右上と左上、「1000」と「1000」を重ねて折ると、「1000000」という数字になりました。仲間うちで、そんな折り方を楽しんでいたのです。「1000000」の数字を3つ重ねて（つまり1000円札3枚で）「1000000000000」などという数字を作ったり、1万円札1枚で「100000000」を作ったり、それを3枚重ねにしたりと、数年間は、「新しい財布が勘違いしてくれるかもしれないね」と楽しんでいました。

そのうち、「ゼロがたくさんの札、1兆円札でも作ったら」との声になり、私の本の表紙絵を描いてくれている斎灯《さいとう》サトルさんに、「1兆円札の偽札を作ってくれ」とお願いしました。おもしろがった斎灯さんは数日でデザインを考えてくれたのですが、怖いことが一つありました。偽札作りは犯罪だ、ということでした。印刷の前に「警察のチェックを受けておいて」との私の依頼に、斎灯さんは「逮捕覚悟で」警察に行ったそうです。

「すみません。こういうものを印刷して作りたいのですがいいのでしょうか」

と、おそるおそる尋ねました。

どきどきしながら待った答えは、「問題なし」。

「逮捕覚悟で」行ったわりには、拍子抜けしたそうです。

「これはおもちゃ。偽札というのは、機械が本物の札と勘違いするかもしれない物のこと。これは完全なおもちゃ。まったく何も引っかからない」ということとで、めでたしめでたしなのでした。

ただ、ほんとうに間違って使われると困るので、「1兆円」ではなく、「壱丁円」にしました。肖像画（私）が豆腐を1丁持っています。裏には私の言葉を三つ載せました。これも「偽札」と勘違いされないための方策です。

2009年になって、新しく弐丁円札と参丁円札ができました。豆腐を2丁と3丁と、持っています。裏は、違う言葉がそれぞれ三つずつ、入りました。3種とも1枚300円ですが、1枚だけ買う人は参丁円札を買いたがるそうです。1枚だけ、参丁円札だけ買いたがる人はなぜかお金に困っている人が多い、というレポートもありました。あまりにいじましい買い方をしていると、お金も喜ぶ気にならないようです。ちなみに、発行所の「SKP」のマークがホログラム（本物の札についている3色変換のきらきらしているもの）になっている「ホロ1」「ホロ2」「ホロ3」もできました。こちらは1枚400円です。

壱丁円札、弐丁円札、参丁円札、持っていて何かが変わるのか。

持っていると心楽しくなるのです。お金が潤沢《じゅんたく》に入ってくる、という人もいました。必ずそうなるという約束はできませんが、楽しいこと間違いなしです。財布さんも気持ちよくだまされてくれているみたいです。ぜひ、楽しんでみてください。

精神的なゴミを取り除き心が透明になる〝トイレ掃除〟

何度か、トイレ掃除についての原稿を書きました。

トイレ掃除を続けていると、臨時収入が頻繁《ひんぱん》に入ってくる、仕事や商売が順調にいく、人間関係がよくなるなど、いろいろ得をするようになるからです。

なぜ、トイレ掃除でうれしい出来事が起こるのでしょうか。その理由をご説明しましょう。

人間はだれでも、自分を元気にしてくれるエネルギーを必要としています。

エネルギー源は、愛情やおいしい食事という人もいれば、お金や仕事という人もいます。

こうしたエネルギーと人間の関係は、ダム湖と導管の構造に似ています。エネルギーはダム湖に蓄えられた水、ダムの水が流れ込む導管が私たち人間だと思ってください。

本来、私たちはダム湖からいつでも好きなだけ水、つまりエネルギーを取り出せるようになっています。ところが、導管にゴミが詰まると、流れがせき止められ、エネルギーが取り出せなくなるのです。

導管を詰まらせている元凶は、我欲や執着、こだわりといった精神的なゴミです。エネルギーをスムーズに流すためには、これらのゴミを取り除かなくてはなりません。

トイレ掃除は、精神的なゴミ取りに最適な方法です。**人が毛嫌いするような汚れているところを掃除すると、我欲や執着、こだわりが消え、透明な心になって、エネルギーの流れもよくなります。**

お金がエネルギーという人は、お金が無限に入ってくるようになるのです。ただし、お金は無限に使っていると、無限に入ってくるのですが、ため込もうとした瞬間に入らなくなります。「我欲」、「執着」、「こだわり」が生まれるからです。これは宇宙の法則のようなもので、だれにも分け隔てなく当てはまります。

トイレ掃除は精神的なゴミを取り去るだけでなく、トイレにいる「うすさま明王《みょうおう》」という神様を喜ばせることにもなります。この神様はたいへんなきれい好き。トイレを磨くと大喜びして、その人を豊かにしてあげようと張り切ります。

素手でトイレ掃除をすると入ってくる金額の桁《けた》が変わる

掃除を終えたら、必ずトイレのふたは閉めてください。

大金持ちの家は、トイレのふたが閉まっているという共通点が、事実としてあるからです。

また、掃除のやり方は自由ですが、**汚れに対して生身で近づけば近づくほど、臨時収入の「0」の数はふえるようです。**

ゴム手袋をはめるよりは素手でやる。小さな汚れにも手を抜かない。落ちない汚れは爪《つめ》も使ってみる。自宅だけでなく不特定多数の人が使うトイレもきれいにする、といったことを実践しましょう。お金が勝手に入ってきます。

私も何年も前から、行く先々のトイレをこまめに掃除するようになりました。まずトイレットペーパーで便座を磨き、こびりついた汚れは、爪でサッサと削り落とします。

こうして掃除をするようになってから、臨時収入がどんどん入るようになり、金額もふえ続けています。私があちこちの講演会でトイレ掃除の話をするので、実践する人もふえ、「臨時収入が入った！」という報告は引きも切りません。

ある会で、私の話を聞いた11人の主婦が、トイレ掃除とトイレのふた閉めを実践したところ、1カ月半後、全員に4万円から30万円の臨時収入が入りました。

その中の一人の女性は、その後も自宅のほかにデパートや公民館など、自分が使ったあとのトイレをすべてピカピカに掃除し、必ずふたをしました。すると、掃除を始めた1年後に、数回しか会ったことがない人から「世のためにとてもいいことをしているから」と、800万円もの遺産を譲り受けたそうです。

トイレ掃除で会社の危機を救った人もいます。社員を10人抱える印刷会社だったのですが、3カ月も売上げゼロが続きました。社員思いの社長はリストラもせずがんばりましたが、いよいよ倒産寸前まで追い込まれました。

そのころ、社長はたまたま私の講演を聞き、トイレ掃除を始めました。やがて社員も賛同し、会社一丸となってトイレ掃除を始めたそうです。すると、3週間たったころからどんどん仕事が舞い込むようになり、その後は印刷機を休ませる間もないほどの繁盛ぶりだそうです。

トイレ掃除のお話をすると、「損得勘定でトイレ掃除をしていいのかな?」

と疑問に思う人もいるようですが、だいじょうぶです。

損得勘定、下心、邪心《じゃしん》は大いにけっこう。

たいせつなのは、不平不満・愚痴《ぐち》・悪口・泣き言・文句を言わず、おもしろがって掃除をすることです。

宝くじで2億円当てた人の楽しい習慣

「笑う門《かど》には福来たる」のたとえどおり、「おもしろがって」「楽しんで」いると、宇宙さんがほほえんでくれるようです。

「新しい財布は、初めて入れた金額を記憶し、その金額を財布自身が維持しようとする」という話は、（ほかのかたの財布の状況はわかりませんが）私に関しては当たっているように思います。

新しい財布（もちろん「友を呼ぶ財布」を使っています）に初めて入れた金額が、だいたいいつも入っているような気がします。

気のせいかもしれませんが、あまり補充をしていないのに、いつも「最初に入れた金額」に近い金額が入っているのです。不思議です。

私の周りには、「友を呼ぶ財布」を使い、「壱丁円札」を入れ、毎日トイレ掃除をし、宇宙や人に向かって「ありがとう」を言い続け、楽しい話にケラケラ笑っている、という人が少なくないのですが、その中の一人がこんな体験をしました。

初めて宝くじを10枚買ったのだそうです。その10枚を「友を呼ぶ財布」に入れ（最初に入れた金額は夫から借りた数十万円で、一晩で返却したそうです）、毎日「ありがとう」を笑顔で言いながらトイレ掃除もしていました。当選番号が発表されたあと、当たっていることを知らずに銀行に10枚宝くじを持っていきました。当たっていました。

初めて買った10枚で、当たってしまう幸運。

いくら当たったのか。

2億円でした。

「正観さんの財布を使い、正観さんの言うように『そわか』（掃除・笑い・感謝）の実践をしていたら、2億当たりました。すべて正観さんのおかげです。

これが当たりくじ」と、当たりくじの券を持ってきてくださいました。

「私にくださるのですか？」

「見せに来ただけです」

ということで、私のものにはなりませんでしたが、2億円の当たりくじ券を自分の手で持つという貴重な体験ができました。

楽しんでいると、宇宙はたくさんの体験をさせてくれるようです。

「358」は発展・成就の数字

もうずいぶん前（10年以上前になるでしょうか）のことですが、ある人が「666は破壊の数字、358は発展・建設成就の数字〝らしい〟」との情報を教えてくれました。

この358という数字は、なかなかおもしろいものなのです。

まず、2500年前、お釈迦《しゃか》さまが悟った日が「35歳のときの12月8日」でした。

お釈迦さまの生まれは、皆さんご存じのように、4月8日です。12月8日はちょうど（4月8日から数えて）8カ月後。「35歳と8カ月」（3・5・8）となります。

お釈迦さまは、人間には三つの祭日がある、と言いました。

①誕生会（たんじょうえ）

生まれた日。お釈迦さまは4月8日。

②成道会（じょうどうえ）

悟り日。魂の誕生日。お釈迦さまは「3祭日の中で最も重要な日」と言いました。

③涅槃会（ねはんえ）

肉体から魂が離れた日。人間社会では「死んだ」と言いますが、仏教的には「此岸（しがん＝こっちの岸）から彼岸（ひがん＝向こうの岸）に渡った日」のことを言います。お釈迦さまにとっては2月15日になりますが、京都など多くの寺では（旧暦・新暦との関係で）1カ月ずらして3月15日に涅槃会をやるところが少なくありません。

人間にとって「最も大事」な成道のときが、お釈迦さまは「35歳と8カ月」なのでした。

『西遊記《さいゆうき》』のモデルとなった玄奘《げんじょう》は実在の人物です。唐の都・長安《ちょうあん》を出て往復17年の歳月をかけて、日本では「大化の改新」の年（西暦645年）に、長安の都に帰り着きました。

このとき、お供したのが「サ・ゴジョウ」「ゴ・クウ」「ハッカイ」。無理やりの解釈ですが、「サ」＝3、「ゴ」＝5、「ハッ」＝8とも考えられます。聖なるお供は、「3・5・8」だったのです。

仏教の教義の中で一般の人が知ってもよい、多くの人が知ったほうがよい、として、公開されている部分があります。これを「顕教《けんきょう》」と呼びました。「顕」とは「目に見える」という意味。

一方で、「悟った人」（＝僧侶）にのみ教える、とした部分を「密教《みっきょう》」と呼びます。

仏教の中では特に奥深い部分ですが、西暦804年に唐に渡り、806年に日本に帰ってきた空海《くうかい》（弘法大師《こうぼうだいし》）は、第7代密教大法の継承者・恵果《けいか》から指名を受け、第8代の密教大法の正式後継者となったのでした。

ですから、仏教のかなり大事な部分が日本に渡り伝わった、と考えてよいのですが、それを持ち帰った空海さんは、西暦835年に亡くなりました（仏教上では「死んだ」とか「亡くなった」とか言わず、「入定《にゅうじょう》（入滅《にゅうめつ》）」という言葉が使われます）。

空海さんに関しては、誕生よりも入定のほうが重視されています。入定の日は3月21日ですが、この21日が「弘法大師」の日とされ、京都・東寺《とうじ》では毎月21日が縁日で、露店がたくさん出てにぎわいます。

生まれたときより、空海さん（お大師《だいし》さま）に関しては、入定のときのほうがずっと重要でした。そのときが西暦835年。これも「3・5・8」でした。

皆が暗証番号を0358にしてみたら

また別の話。

奈良や京都など、日本の首都を「みやこ」と呼んできました。この「みやこ」も、数字に置き換えると「3・8・5」ということになります。

またまた別の話。

徳川家15代の将軍の中で、歴史的に常に登場する初代（家康《いえやす》）と末代（慶喜《よしのぶ》）の有名人2人を除くと、私たちが「代」と名前を知っているのはだれでしょうか。「3代家光《いえみつ》」「5代綱吉《つなよし》」「8代吉宗《よしむね》」の3人でしょう。

この3人は、他の将軍に比べて（よくも悪くも）圧倒的な存在感です。「3」と「5」と「8」はすごいパワーを持っている、と思わざるをえません。

こんなことを考えた結果、「確かに358はすごい数字だ」ということになりました。

そんな話題で盛り上がったときから半年ほどたって、ある人が皆の前でこんな発言をしたのです。

「半年ほど前、3・5・8が聖なる数字、すごい数字という話があった。そのころたまたま新しい銀行口座を開設する必要があったので、暗証番号を0358にしてみた。そうしたら、この口座だけは残高がふえ続けていて、一度もへったことがない。358はすごい数字かもしれない」

その数日後、その場に居合わせた数十人が、銀行口座の暗証番号をそろいもそろって0358に変えたらしいのです。

さらに半年ほどたって、この人たちから同じような報告をたくさん聞くことになりました。

いわく、**「暗証番号を0358にした口座は、なぜか金額がふえ続ける、へらない」**というものでした。

すごーい、ということで、私の周りの人たちで、暗証番号を0358にした人がけっこういるらしいのです。

ただし、です。

何人かで、「0358にしたが、ふえないじゃないか」「0358にしたのに金額がへった」と、私に苦情を言ってくる人がいました。

「0358にするといいよ。ただしこの情報料は100万円」とお金を取ったら、苦情を言って当然です。ですが、この情報を私が有料で売ったわけではありません。私に苦情を言われても困ります。

苦情を言ってきた人（数人ですが）には、共通項がありました。

それは、「お金がふえないじゃないか」と苦情を言ってきたことでした。

お金に愛されるための宇宙の大法則

今までお話ししてきた話から、宇宙の仕組みの中の大きな原則がわかります。
宇宙は、
——うれしがる人にはうれしがることを
——楽しがる人には楽しいことを
——おもしろがる人にはおもしろがることを
——幸せがる人には幸せなことを
——感謝する人には感謝したくなることをどんどん降らせる
という大法則です。
0358はおもしろい数字らしい、壱丁円札がおもしろい、トイレ掃除でいいことがあるなんておもしろい、と思ったら、おもしろがって使うことを勧めます。

深刻になって、「全然ふえないじゃないか」と不機嫌《ふきげん》になるような人は、宇宙が保持している〝お金をふやしてあげる人リスト〟の中に入っていないらしいのです。

おもしろがって、楽しがってやってみる人に、宇宙はほほえむようです。実際に、数百人の人が「ふえた」と喜んでいます。

ついでに言うなら、「トイレ掃除をしていると臨時収入がある。収入がふえる。売上げが上がる」という話に対して、「いくらやってもふえないじゃないか」と言ってきた人も数人いました。この人たちの共通項も「思いどおりにならないと文句を言ってしまう」ということでした。

おもしろがって楽しむ人にのみ、宇宙や神が、よくしてくださるのです。

第2章

幸せな「人間関係」の話

努力やがんばりが人を苦しくさせる

「ヒトは一人でいると人、人の間で生きていて人間」という話を、今まで何度もしてきました。

私たちは、確かに動物学的には「ヒト」なのですが、社会学的には「人間」です。人間社会の中で生きていて「人間」。

人間社会の中で人間として生きることは、「喜ばれる存在として生きる」ということにほかなりません。

「喜ばれる存在」とは、より細かに具体的に言うと、「頼まれやすい人になる」ことです。

周りの人から言うなら「頼みやすい人」ということになります。

自分にいろいろなことを課してより向上する、高まる、という生き方を選んでもいいのですが、人間の悩み・苦しみは「比べること」「競《きそ》うこと」「順位づけすること」や、「欲しいものをリストアップして、それを手に入れようとすること」から始まります。

悩み・苦しみが多い人の中には、それらの〝努力〟や〝がんばり〟が体に合わない人もいます。

そういう人は、社会の中での「私」の役割について考えてみる。

人間社会の中で「喜ばれる存在」であればいい、という結論に達した人は、「喜ばれる＝頼まれる」という生き方でいい、と気づきます。

頼まれごとを淡々とこなしていく、そして淡々と死んでいく、そういう人生でもいいような気がします。

とりあえず、私の場合は、そういう結論に達しました。

ですから、**私の辞書の中には「努力」も「がんばり」も「必死」もありません**（ちなみに「必死」とは「必ず死ぬ」と書きます）。

自らの努力やがんばりはしませんが、基本的に「頼まれごと」は引き受けるのです。

誠実さをむしばむ〝有言不実行〟

もう数年前になりますが、こんなことがありました。

講演会のあとのお茶会に50～60人が参加されました。

終わりのほうで、初めて参加されたかたがこんなことを言ったのです。

「今日は正観さんにお会いできてよかったです。とても感激しました。そして、今日から正観さんを一生の師として、ずっとついていくことに決めました。これからずっとついていきますので、よろしくお願いします」

何人かの人が、クスクスと隠れ笑いをしました。私もちょっと苦笑いです。

「すみません。ちょっと笑ったのは、今までに同じように言ったかたが3人おられるからです。その3人が同じように、一生ついていきます、一生の師とします、と言いました。

ところが、その3人が3人とも、2度目以降、1回も来ていません。そういう発言をした人を主催者のかたが知っていて、その人はその後どうしているか知っていますか、と私が聞くと、3回とも同じ答えが返ってきました。今はほかの先生を追っかけています、と」

会場大爆笑です。

「だからといって、私は不愉快になったり不機嫌《ふきげん》になったりはしてませんよ。ただ、人間っておもしろいなあ、と思っているのです。言ったとおりにはならないし、その逆になったりするし、奥深くて楽しい存在だと思います。今まで同じことを言った人が、3人が3人ともなので、期待せずに2度目をお待ちすることにします」

笑いながらそう言いました。

「4人目の人」は真顔になったのです。

「わかりました。私は絶対に、絶対にですよ、同じようなことはしません。同じような人にはなりません。これからも必ず来ますから、皆さん、私を覚えておいてください。その前例を最初に打ち破った人になります」

会場が皆、笑顔になりました。拍手が起きました。皆が心なごんで、とても温かい雰囲気《ふんいき》になったのでした。

ちなみにそのかたは女性で、年齢は40歳くらいだったでしょうか。

3カ月後、同じ場所で同じ主催者による私の講演会が開かれました。話題は、「あの人は来るかしら」です。盛り上がりました。その確認のために来た、と言う人もいたほどです。会場で、きょろきょろしている人もいました。

講演会後、お茶会で。

「あの人来てますかね」

「来てないみたいですね」

主催者が確認しましたが、来ていませんでした。その人は、その後まったく来ていないので、「ほかの先生を追っかけている」のかどうかは、今もわかりません。結論。4人になりました。100％です。

「また来てほしい」などと思っているわけではありません。

ただ、人間っておもしろいと思うのです。あれほど強く宣言した、しかも、たくさんの人の前で、でした。

「そういう人が3人、100％だった」という打ち明け話までし、それに対し「絶対に」と言った人が来なかった。そういうのが、とてもおもしろいと思います。

誠実であることで人生が何倍も楽しくなる

さて、ちょっと似た話です。

数年前まで、講演会は、絶対に土日祝祭日と主張する人がいました。

そのかたは主婦で、主婦は平日の夜に出てこられないから、どうしても土日祝祭日でなければならない、何人もの友人がそう言っている、との話でした。

無理をしてその人用に、土日祝祭日を当てるようにしました。あちこちの人に頼んで、日程変更に協力をしてもらったりということもありました。

その当日。おもしろいことに、土日祝祭日でなければダメ、と言っていた人が来ないのです。

私に無理を言って、土日祝祭日を取った主催者が怒ります。あの人のために土日祝祭日にしたのに、と。

後日、主催者が、来なかった土日祝祭日希望者に「なぜ来なかったのか」と問いただしています。

その答えが、ほとんどいっしょでした。

「用事が入っちゃった」というものでした。

「用事が入った」のではなく、「入れてしまった」のです。要望どおりの日程で友人が自分のために設定してくれたのに、「用事を入れてしまった」のでした。

おもしろいことに、「この日でなければダメ」と言う人ほど、「用事が入った」（用事を入れてしまった）という傾向が強いようです。

「その日」を主張した人ほど、来ない。

「その日でなければならない」と言った人ほど、平然と用事を入れ、来ない。

こういう生き方を「不誠実」と言います。自分がリクエストしておきながら、その日を平然とキャンセルする。主催者は怒るでしょう。

日程を主張する人ほど来ない、というのは、心理学的にはとても簡単に解釈できます。

常に「自分を中心に」ものを考え、相手のことはあまり考えない。

「自分の都合に講演会日程を合わせてちょうだい」と主張したものの、主催者がどれほど苦労をして日程調整をしたか、などということに関心がない。「用事が入っちゃった」と平然と言うわけです。

そういうことが相次いだ結果、そういう友人のために、「土日祝祭日でなければならない」と主張していた主催者は、ついにある結論に至りました。

「土日祝祭日でなくていいです」

日程の問題ではない。結局は人間性の問題なんだ、とその主催者は気づいたのです。「土日祝祭日でなくてはならない」と主張した人ほど来ないのに対し、まったく主張しない人ほど、何回も（それもとてもすてきな笑顔で）やって来ます。

「用事」は「入っちゃった」のではありません。「用事」を「入れちゃった」のです。

そこに気づくだけでも、これからの人間関係が変わってきます。

人間はなかなか言ったとおりにはしないし、できないのです。だからおもしろくて楽しい存在ではあるのですが、友人としてつき合うことを考えると、「うーむ」とうならざるをえない。

「誠実であること」

「不誠実でないこと」

あたりまえのようなことですが、そういう生き方をしているだけで、人生がとても楽しいものになってくることでしょう。

何十回も謝り続けた1回目の電話

私の講演会に何回も参加している40歳くらいの男性が、ほかの有名なかたの講演会を企画しました。

会場を予約しに行くと、300人の会場と1500人の会場が空いているということでした。

どちらかを借りなければいけないという状況です。彼は、自分の読みとしては500人くらいの参加者かなと思ったそうで、「300人では入りきらないだろう」と思い、1500人の会場を借りることにしたのだそうです。

彼には、つき合いのある60歳過ぎの市会議員のかたがおられるそうです。彼が借りた会場は、公的な場所であったので、その市会議員のかたが知るところになったのでした。

2人はかなり親しいつき合いをしているということでした。「俺《おれ》、おまえ」と言うような仲であったようです。

市会議員のかたが、40歳の彼に電話をしてきて、

「おまえなあ、40歳くらいで1500人の会場を借りるなんて何事だ。60過ぎの俺だって、1000人の人間を集められるようになったのは、60を過ぎてのことだ。40過ぎのおまえに、1500人の会場に人を集められるわけがない」

というような話をしたそうです。

ひとことで言うと、嫉妬《しっと》とかやきもちとか、そういう気持ちが入っていたのかもしれません。その40歳の彼の話を聞きながら、私を含めて多くの人が笑ってしまったのですが、その市会議員のかたからすると、冗談事ではなくてほんとうにそう思ったのかもしれません。

それにしても、人がやることに対して、「人数が多すぎるから、なんたることだ」と文句をつけてくるというのは、聞いていて笑ってしまうような話でした。考えてみれば、理不尽《りふじん》な言いがかりではありますが、そういう親しい間柄であったからでもあるのでしょう。

40歳の彼は、

「出すぎたまねをしまして、すいません！」

という言葉を何十回も使ったそうです。1回目の電話は、40歳の彼が謝り続けて話が終わりました。

何十回もお礼を言い続けた2回目の電話

それから2週間ほどして、またその市会議員のかたから電話が来たそうです。

「どれほどの人間が集まったんだ」

という質問でした。

「今のところ、５００人くらいです」

と彼は答えたそうです。市会議員のかたはこう続けました。

「そうだろう。簡単に１０００人なんて人間は集めることができないんだ。おまえのような若造には、１０００人を超える講演会なんて絶対に無理だったんだ」

とまくしたてたそうです。１回目の電話では、40歳の彼は謝り続けたということでしたが、今回は微妙に心の状態が違っていたと言うのです。

「正観さんの話を何十回と聞いているうちに、自分の心の中が多少変化してきたのかもしれません」

と彼は言いました。

２回目の電話で、彼はこんなことを言ってしまったのだそうです。

「親でもないのに、ほんとうに親身になって心配してくださって、ほんとうに

ありがとうございます」

そして、彼はその電話で「ありがとうございます」という言葉を何十回も言い続けたのだそうです。

敵を味方に変える魔法の言葉「ありがとう」

また2週間ほどたって、3回目の電話。

「どうだ、どのくらい集まった」

「はい、ようやく700人くらいでしょうか」

講演会の開催日まで、あと2週間くらいのときだったそうです。市会議員のかたは、こんなことを言いました。

「そうだろう。1000人集めることがどれだけ大変なことかわかっただろう。

40歳くらいの人間に1000人の人間を集めて講演会をすることなんてできるはずがない。40歳くらいで簡単にそんなことをしちゃいけないいんだ」

という話だったそうです。3回目の電話も、40歳の彼はずーっと「心配してくださって、ありがとうございます」というふうに、お礼を言い続けたのだそうです。

3回目の電話の中で、市会議員のかたの口調が少しずつ変わってきたことに、彼は気がつきました。

市会議員のかたは、電話の終わりのほうでこんなことを言ったというのです。

「1500人の会場で500も席が空いていたら、話をしに来た人が寂《さび》しい思いをするに違いない。今700人くらいだったら、俺の後援会の人間を300人くらい回してやるから、それで1000人を超えるだろう。だから、俺のところの人数を回してやる」

40歳の彼は、大変驚きました。

1回目の電話からは想像もできないような結論になってしまったのです。

始めは文句を言われ、怒られて、「すいません」というだけでした。それが「ありがとうございます」という言葉を連発した結果、いつの間にか協力をするということになったのでした。市会議員のかたも、自分自身でなんでこのような結論になったのかがわからないのかもしれませんが。

結果として、その会場は1000人を超える人間が集まり大盛況で、講演に来た人もとても喜んで帰ったらしいのです。

「『ありがとう』を言って感謝の念を浴びせかけていると、感謝の念を浴びせかけられた側の人は、必ず浴びせかけた側の人の味方をするようになる。そのように正観さんから教わりました。

電話の中で知らず知らずのうちに、向こうに対して感謝をしている自分がありました。ほとんど意識をせずにただひたすら、ありがとうございますという感謝の言葉を使っていました」

と彼は言いました。

感謝をし、ありがとうと言っていると、相手がどんどん変わっていって、敵

対的なことを言っていた人でさえも、いつのまにか味方をしてくれる、という事実がほんとうにありました。

「いい話ですね」

と多くの人が、彼の話を聞きながら拍手をしました。

「ありがとう」という想念と言葉を投げかけられた鉱物、投げかけられた植物、投げかけられた動物、投げかけられた人、投げかけられたものたちは必ず、その投げかけた人を応援したくなる、味方をしたくなる。

これが宇宙の大法則なのです。

相手を変えるのではなく自分を変える

私の講演会の主催者で、同じ注意を、何年も何年も受け続けた主催者がいました。そのかたは講演会が始まる前のあいさつ、あるいは終わってからのあいさつで、必ず同じことを言っていました。

「今日も正観先生のお話には、とても感動しました。皆さん、こんなにいい話を一人でも多くの人に聞かせたいと思いませんか。次回はお友達を誘って、あるいは気になる家族がいたら説得して連れてきて、正観先生のお話を聞かせて、家族を同じ方向性に引っ張ってあげましょう」

そういう話を、この主催者はいつもするのでした。そのたびに、私はマイクを取って、会場の人に同じことを言わなければなりませんでした。

「友人や家族を無理やり引っ張ってくることはないです」と。

たくさんの人を連れてきて、たくさんの人に聞かせてあげましょうという方向性を、私自身は持っていません。多くの人に聞かせて、多くの人を変え、ひいては世の中を変えていこうというつもりは、私にはまったくないのです。0%です。

ただ、縁があって来るはめになった。なんとなく血が騒いで行きたくてしかたない、という人は来てくださってかまいません。

心の中の動きでいうと、例えば、会社の人が同僚や先輩、後輩を連れてきたいと思うとします。もしかしたら、そう思った人は、自分の職場が、あまり居心地がよくないと思っているのかもしれません。

先輩や後輩が怒ったり、不機嫌だったり、そういうことについて、少しなんとかならないかなと思っているのかもしれないのです。

その結果として、この人たちを機嫌よく楽しく明るい人にしたならば、自分が置かれている状況が明るく楽しいものになるに違いない、と思い込んでいるように思えます。

家族についても同様です。

あまり楽しそうでない、不機嫌だ、イライラしてる、怒りっぽい、声を荒げる。そういう人に小林の話を聞かせたら、心穏やかな人になるのではないだろうか、と思ったのかもしれません。その結果、自分の家庭が居心地のよい空間になると思ったように、私には思えるのです。

小林正観は、周りの状況を変えるために、人を変えるという方向性は持っていません。

私が言っているのは、自分がどのように生きるか、ということにほかなりません。自分が明るく、笑顔に満ちて、感謝に満ちて楽しそうに生きること。

それが、結果的に周囲の人や家族をも笑顔にして、明るく楽しい人にするかもしれない。けれども、相手を変えなければいけないと主張しているのではないのです。

「への字」まゆ毛は攻撃的な印象を与える

こんな不思議なことがありました。

講演会のあと、次のような質問をしてきた人がいました。

「正観さん。正観さんはいつも、幸・不幸は宇宙的に存在しない、そう思う心があるだけだと言っていますよね。そう思いたいんですが、私は毎日のように夫に殴《なぐ》られ、暴力をふるわれています。先日は刃物まで持ち出され、殺されるかと思いました。そういう暴力的な夫でも受け入れなければならないんでしょうか」

家庭内暴力というわけです。

「刃物まで、ということになると命にかかわりますね。行政でそういうのを救ってくれる機関もあるようですが、そういうところに相談するとか、離婚するとかはできないんですか」

「キレやすい人なので、そんなことをしたらどんなことになるかわかりません。ものすごく怒って、もっとひどいことになると思います。怖くて、毎日が恐怖です」

「相談」の範囲を超えています。

専門的な機関や弁護士の力を借りなければなりません。そのように申し上げました。

ただ、ふと思ったことがありました。そのかたの顔の表情です。表情がずいぶんきついのです。

数秒お顔を拝見して気がつきました。まゆ毛が45度くらいの角度で上がっています。ものすごく戦闘的な顔になっています。

「暴力をふるう夫のほうに全面的に責任があるのですが、とりあえず今日を生き延びる方法を考えなくてはいけませんね。まゆがずいぶんきつい気がするのですが、そのまゆを水平にすることはできませんか」

そんなことで解決するわけがない、とそのかたは主張されました。

解決できるかどうかは別として、周りの人に、戦闘的、攻撃的な印象を与えているように思えました。

女性でまゆ毛を全部剃《そ》ってしまって、描きまゆにしている人は少なくありません。

化粧品の販売を仕事にしている人、いわゆる「美容部員」というかた何人かから話を聞いたことがあるのですが、まず、最初に教わるのが「まゆ」なのだそうです。まゆを剃って形を整えることが必要なのだそうです。

しかし、その教え方が問題です。「まず、まゆをぎゅっと上げて描き、3分の2くらいは上げて描いて、3分の1くらいは下げる」と教わったとか。

つまり、「への字」に描くということになります。**その形だと、印象としてはずいぶん戦闘的・攻撃的な感じです。**

ひたいに汗してがんばる働き者ほどまゆ毛は濃く太い

もともとまゆ毛は、ひたいの汗を目に入れないためのものでした。濃くて太いまゆ毛は、ひたいの汗を目に入れないように発達しました。

ひたいに汗をかく人ほど、つまり働き者ほど、まゆ毛は濃くなり、太くなったのです。

人相学的に言うと、濃くて太いまゆ毛の人は働き者、生まれついて細く薄いまゆ毛の人は、外仕事にあまり向いていない（汗をあまりかかない家系だった）ということになります。

ですから、お見合いのときには、太いまゆ毛を剃って描きまゆ、というよりは、**濃くて太いまゆ毛そのままのほうが、「働き者」としての印象を深めます。**

当然のことながら、そういう役割の結果として、まゆ毛が内側に角度を持つ（集めた汗を鼻のほうに集めて流す）ということはありませんでした。まゆ毛が外側に傾く（集めた汗を顔の外側に流す）ということがあったにしても、内側に傾くことはほとんど考えられないことです。

ですから、内側から外に向かって急角度で上がっているまゆ毛というのは、自然界には存在しません。

まゆ毛をいじっていない自然のままのまゆ毛を見ていただくといいのですが、男性のまゆ毛は基本的に自然のままであるがゆえに、ほとんど水平です。

時代劇や現代ドラマの男の主人公のまゆ毛は、ほとんど急角度で内側から外側に上がっています。これは、より「男らしさ」を強調するための描きまゆですから、自然界のまゆ毛ではありません。

だいたいわかっていただけたでしょうか。

暴力的な夫に責任がなく、きついまゆ毛を描いている妻だけに責任があるんだ、と言っているのではありません。とりあえず緊急避難的に今すぐできること、という意味で言ったのです。

まゆ毛の形で相手の態度が変わる

3カ月後。

そのかたが再び現れました。ずいぶん穏やかな顔になっています。まゆの角度が変わっていた、水平になっていたということもありますが、実はこういうことでした。

「あの日以来、まゆ毛の描き方を変えたんです。そうしたら、あれから3カ月たった今日まで、一度も殴られていないんです。奇跡です。こんなに簡単なことで、夫がほんとうに変わりました。どなることも少なくなって、まるで別人です」

この話は誤解されるおそれがあります。

何回も言いますが、夫のほうはまったく悪くなくて、まゆ毛をきつく描いていた妻のほうが悪いんだ、と言っているのではありません。本来は暴力をふるう夫に非があるのですから、殴られるほうに非があるんだ、と言っているのではないのです。

「非」や「責任」を論じているのではなくて、とりあえず今日や今夜をどう生き延びるか、という話です。弁護士を立てるなどの根治的な解決も、必要な場合があるでしょう。

別の講演会で。

「職場で上司からいつもきついことばかり言われるのですが……」

「まゆ毛がきつすぎると思います。もっと水平に、やわらかい感じに描いたらどうですか」

「親から小言ばかり言われてうんざりしています」

「まゆ毛がきつすぎると思います」

「兄弟仲が悪く、けんかばかりしているのですが……」

「まゆ毛がきつすぎると思います」

「近所との折り合いが悪いんです」

「まゆ毛がきつすぎると思います」

まゆ毛を水平に、やわらかく描くことで、解決する問題がたくさんありそうです。

お遍路《へんろ》参《まい》りで知った優しさのいろいろな形

四国の八十八箇所巡り（お遍路さん）をしたときのこと。

参加者が84名、バス運転手2名、ガイドさん2名の、合計88名のグループでした。

お遍路さんにおけるガイドさんとは、バスが着くとすぐに社務所に走って行って朱印をもらってくださるかたのことです。バスを頼んだ会社によると、全員で88名という八十八箇所巡りツアーは、55年の歴史の中でも大変珍しいとのことでした。バスのかたがたを含めて88名。この数字自体が奇跡みたいなものでした。

私たちは、神社・仏閣に対してお願いごとをしないという仲間です。

「祈り」も「願い」も、もともと「要求する」という意味ではありませんでした。本来の意味は、「お礼を言うこと」「感謝すること」なのです。

私自身の足腰がだいぶ弱ってきたこともあり、2007年じゅうの八十八箇所巡りを決意したのですが、いっしょに回りたい、いっしょに歩きたいというかたがふえ、結局84人になりました。

参加条件が、「願いごと」「要求」をしないこと。ただただお礼を言う、感謝するだけ、という八十八箇所巡りでした。参加者全員が、八十八箇所すべてのお寺に対し、いっさい願いごとをしない、要求をしない、というお遍路さんは、珍しかったのではないかと思います。

宿も、お遍路さんたちを泊めてくださる宿坊《しゅくぼう》（お寺の宿泊部門）を多く使いました。

宿に着いてまず杖《つえ》を洗い、足を洗います。部屋に行き、お遍路さん姿から浴衣になり、ふろに入ります。それから食堂での食事が始まります。

ある宿坊でのこと。

ふろのあとに食堂に行きました。いつもはワーンと沸《わ》き立っているのに、妙に静かなのです。不思議に思いながら中に入って行くと、幹事さんが近寄ってきてこんなことを言いました。

「皆が勝手に食べ始めたところ、宿の人から怒られました。代表の人が来ていないのに、食べ始めるとはなにごとか。その人が来るのを待って、それから食べるべきでしょう、と怒られてしまいました。それで正観さんが来るのを待っていました。いただきます、の音頭を取ってもらえますか」

というのです。

宿の人の意見は、たぶん正論です。礼儀正しいという点では、確かにそうでしょう。だからだれも反論せずに、黙って私が来るのを待っていたというわけです。

ですが、私たちのグループには、この八十八箇所巡りだけでなく、どの集まりにも共通していることがありました。

それは、**人が集まり次第、食べ始めること、そろうまで待たないこと。**

この考えは、私の提案によるのです。いつも私がそう言っているので、このときも皆さんがそうしただけのこと。食べ始めた人たちには、まったく責任がありません。私がいつも言っているとおりに、数人集まったら食べ始めた、ということなのでした。

同時に、宿の人もとても優しく温かい人がそろっていたのだと思います。宿の人の意見も正論だし、心が温かくなるものでした。間違った意見ではありません。

さて、私の立場としてはどうでしょう。

浴衣に着替えた。ゆっくりふろに入った。ふろから出て、食堂に行ったら、皆が食べずに待っていた。

えー、皆さん待っておられたのですか。私はつらくなってしまいます。もっと早くふろから出るべきだった、早く切り上げるべきだった、いや、ふろに入るべきではなかった、と、いろいろな思いが飛び交います。これからは急いでふろを終え、急いで食堂に来なくてはなりません。

私にとっては、「優しく」はないのです。私にとって優しいのは、「集まり次第どんどん食べてくれること」です。

「優しさ」にはいろいろな形があるのです。

人の優しさは常識だけでは測れない

私と同じ1948年生まれの人が、父親の7回忌ということで実家に集まったそうです。兄弟は5人。配偶者を含め、子どもも入れると20人ほどだったそうです。

法事が終わったら全員がホテルに泊まったとのこと。近所の人が、「だれも実家に泊まらないのか」「皆でいっしょに夜を過ごさないのか」と怪訝《けげん》な顔をしたというのです。

5人兄弟の間では、「母が高齢だし、負担をかけないように皆でホテルに泊まろう」との意見でまとまっていました。法事が終わって家に着いたときに、母親から電話があったそうです。

「気を使ってくれてありがとう。布団の心配や食事、食器、片づけなどで気を使わなくて済んだ。楽だった。そういうふうにしてくれてありがたかった」

との電話だったそうです。

この人は、1948年生まれで末っ子。5人兄弟となると、母親の年は当時、90歳くらいでしょうか。

皆で夜通ししゃべるというのもあるでしょうが、法事が終わったら皆で引き上げよう、そのほうが母親には楽なのではないか、ということで一致していました。

これも「常識にとらわれない優しさ」だったかもしれません。

30歳からの「心理学的おしゃれ」の勧め

毎日が移動の日なので、駅や新幹線で多くの人に出会います。ファッションセンスがよくておしゃれな人がふえているような気がします。

ただ、「ファッション的おしゃれ」は申し分ないのですが、ときどき「もったいない」と思う人がいます。

「心理学的おしゃれ」を認識していない人が多いように思えます。

若さで押し切るというのも、若さの特権ではあるのですが、30歳を過ぎたら「心理学的おしゃれ」も考えてみるのはどうでしょう。おしゃれに深みが増すかもしれません。

濃い色ほど重く感じられる

三つの点について述べます。

一つ目。「色の重さ」について。

先日も、新幹線内で、白いワンピースに真っ黒な靴、別の人で白ワンピースに真っ赤な靴、という人を見かけました。足もとが重い、という印象でした。

同じ大きさの箱を三つ用意したとします。一つが黒、一つが白、一つが青。

数十人の人にこれを持ち上げてもらいます。

「どれがいちばん重かったか」「どれがいちばん軽かったか」を問いかけると、ほとんどの人は「黒がいちばん重かった」「白がいちばん軽かった」と答えます。

この実験のおもしろいところは、三つの箱とも同じ重さだった、ということです。

色には「重さがある」のです。「濃い色ほど重く感じる」。これが「色の重さ」。

身に着けているものが、上半身が白、下半身が茶色、靴が黒だとしましょう。「色の重さ」でいうと、下に行くほど重くなっています。全体が「正三角形」の「色の重さ」です。軽やかな感じがありません。

「よい」「悪い」を言っているのではありません。**もし軽やかな感じを出したいと思っているのなら、逆三角形の色配置のほうがいい**ということを言っています。白ワンピースに黒、あるいは白ワンピースに赤、という靴は、足もとを重くしています。

フォーマルかカジュアルかで統一する

二つ目。

上がフリルのついたブラウス、下がデニム（ジーンズ）のスカート、という人がいました。靴がスニーカーでした。

ゼロを真ん中として、Tシャツやジーンズをカジュアル度5、礼服をフォーマル度5としましょう。

10段階のフォーマル・カジュアルがあるとして、フォーマル・カジュアル度が一人の中でまとまっていない場合があります。この場合は、上がフォーマル度4、下がカジュアル度5で、まとまっていませんでした。

フォーマルでまとめたいなら、上から下までフォーマル度を統一する。カジ

ユアルでまとめたいなら、上から下までカジュアルで統一する。

こんなことを言うと「そういうのを壊すことがファッションなのよ」と言われそうですが、今のようなことを知っていて「ふぞろいファッション」を楽しむのはおもしろいと思います。

特に、そういうことを壊すことがファッション、という時代もある。

いろいろな制約を壊すことが、10代のファッションの楽しさであることは、私も少しですが、理解できます。今、私が述べているのは、30代になったら「大人のエレガンス」に戻るのはどうか、という話です。

その日の季節感は一つにまとめる

もう一つ。三つ目です。

季節感。

ある人が、上半身がノースリーブのミニスカートのワンピースを着ていました。季節は晩秋でしたが、その人にとっては初夏のような明るい気持ち、初夏のような暖かさを感じていたのかもしれません。

それはそれでいいと思うのです。人によって感じる温度は違います。晩秋でも暖かく感じてなんの問題もありません。

問題は、足もとでした。

その人は冬用のロングブーツを履《は》いていました。足もとは完全な冬。やはり、整合性がありません。上半身は春、あるいは初夏で、軽やかなのに、足もとだけは完全な冬でした。冬用のロングブーツを履くなら、上はせめて長袖にしたいところです。

おしゃれの一つとして、冬に半袖の服を売っているところもありますが、そういう場合の素材はウールだったりします。素材によってはそれなりに「冬」なのですが、このときの人は、残念ながら春から初夏にかけての軽やかな素材でした。

つまり、上半身は春。足もとだけが冬。「季節感」がまとまっていませんでした。

昨日は「冬」だった、今日は「春」、翌日は「夏」になった、感じる温度が毎日違うらしい、というのはいいのです。それがカッコ悪いと言っているのではありません。

例えば、ある冬の日。その日を「春のように感じた」ので、春らしい装いをしたというのは、むしろ普通よりもカッコいいことかもしれません。そういう感性は大事にしたいところです。

問題は、その日を「春と思った、感じた」のか、「夏と思った、感じた」のか、「冬と思った、感じた」のかがはっきりしないこと。上半身と下半身とで、着ている「季節感」が違うこと。その日の「季節感」が自分の中でまとまっていない場合です。

その日の「季節感」は、一つにまとめることにしましょう。

笑顔は最高のおしゃれ

こんなファッションの話は、「ファッションのわからないおじさんに、ああじゃこうじゃ言われたくない」と反論されることもあるでしょう。

私が言っているのは、ファッション以前の話。

しかも、10代のような若い人のファッションについて論じているのではありません。30代以降、40代、50代の人に対するお話です。

それと、私が見て感じた実例は、旅先の駅や新幹線の中での話です。「これからパーティーに行く」(毛皮のコートの下にノースリーブのドレスを着る)というような特殊な状況は、すべて例外になります。

特殊な状況は、ここでの話ではありません。普通に生活をしているときの

「整合性」についてお話ししました。

三つの話を書きましたが、終わりに四つ目の話。

とてもおしゃれでカッコいいのに、口が「へ」の字で、いつも不機嫌な顔をしている人がいます。これこそが、ほんとうに「もったいない」。

口もとが上がっていたら、微笑《ほほえ》んでいたら、笑顔だったら、最高のおしゃれを手に入れていると思います。

笑顔は最高のおしゃれかもしれません。

たくさんのおしゃれを楽しんでください。

プレゼント合戦の勧め

何十人かで旅をすることが、年間に数回あります。

40人くらいで旅をすることが多く、バス1台ということもありますが、4人乗りの車で10台、あるいは60人で4人乗りで15台の車を連ねて動くこともあります。

それぞれの旅の中では、お土産を買うことがあると思います。実際に、私たちは立ち寄るドライブインなどで、お土産を買う人が少なくありません。

そこで、私の提案なのですが、

「お互いに、お土産を買い合うようにしたらどうか」

ということをいつも言ってきました。

例えば、1000円ぐらいのキーホルダーの前に、2~3人が立っているとします。

そうしたら、自分がその1000円の気に入ったキーホルダーを買うのではなく、隣の人に買ってもらう。そして、自分の1000円で隣の人に買ってあげる。プレゼントをしてもらうと同時に、プレゼントをしてあげるということです。

お互いにプレゼントをし合う。

出すお金は結果的に同じなのですが、自分のための土産を自分のお金で買うというパターンではなくて、隣にいる人にお金を出してもらって、自分にそのお土産をプレゼントしてもらったという構図が出来上がります。

そして、私の出す1000円も、自分のものを買ったのではなくて、隣の人のものを買ってプレゼントしたという形になります。

お土産がより輝いて楽しいものになる

こういう形をお互いにし合いながら、お土産を買っていくと、**すべてのお土産に、だれかから買ってもらった、プレゼントをしてもらった、という記憶が付いてきます。**

お土産というのは、そのときの空気や雰囲気を思い出すために買うというのが多いので、**お土産自体を楽しむというよりは、そのときの空気を、雰囲気を思い出すために買っているんだと思ってみてください。**

そうしたとき、楽しい仲間と、楽しいプレゼントのし合い、プレゼント合戦というものがあると、一つひとつがより輝いて楽しいものに見えてきます。

もちろん、会社にそのお菓子を買って帰ろうとかいう場合は、プレゼントのし合いにはなじみませんが、自分のお土産として買って帰るもの、キーホルダーとか、ペン立てだとか、そういうものを買うときには、隣の人にお願いをして私にプレゼントをしてというのがとても楽しいのです。

そういうお土産の買い方があるということを、ぜひ覚えておいてください。

プレゼント合戦のちょっとした副作用

ある海外旅行で、このときは60人ぐらいだったのですが、バスの中でこの提案をしました。多くの人が、それは楽しそうだといい、笑顔で土産を買うことになったのです。

ですが、ちょっとした副作用がありました。私の顔を見かけると「正観さん、お互いにプレゼントをし合いましょう」というふうに声をかけられ、言い出しっぺの私としては「はい、わかりました」と答えざるを得なかったのです。その結果、10日間の旅で、結局、買わなくてもいい土産を合計で20万円も買うことになってしまいました。

一人に集中するのではなくて、なるべく多くの人に、お互いのプレゼントし合いを分散するという形も提案しておいたほうがよさそうです。こういう提案をした人に依頼が集中することがあるので、そこの副作用はぜひ覚えておいてください。

なるべく一人の人に集中しないで、多くの人が互いに、ともに楽しみ合うようにするということも、提案の中の重要な部分であるようです。

第3章

ラクは楽しい「仕事」の話

社長自らがトイレ掃除をすると会社の業績が上がる

今まで、トイレ掃除のことを何回か書いてきました。トイレ掃除をしていると臨時収入があるようだ、臨時収入に限らず、仕事運や金銭運がよくなるみたいだ、経済的に潤《うるお》うようになるみたいだ、というようなことを書いてきたのです。

会社の代表者である人も、年間に何十人か、私の話（講演会）を聞きに来てくれます。そのほとんどは非上場の会社でした。つまり、会社の株を公開で売買している会社ではありません。ですが、おもしろいことに、非上場の会社でも、**その会社のトップがトイレ掃除をやり始めると会社の業績が上がる、**というような事実がありました。

ほとんどの場合、社長プラス社員が5人とか10人とかの小規模な会社なのですが、社長が自らトイレ掃除を始めると売上げが上がったり、新規の注文が舞い込んだりして、会社が急に忙しくなるのです。

ほとんどの会社がそんな状況であるとき、ある県で、東証一部上場、年間売上げ850億円という会社の社長が、私の講演会においでになりました。主催者の紹介で、講演前に名刺を交換しました。ほとんどだれでもが知っている、名の知れた会社でした。大変感じのよい、穏やかな、にこやかな社長です。誠実な仕事をするかたなのだろうと、とても好印象を持ちました。

講演で、なぜか話が「トイレ掃除」に触れることがあったのです。

数年前、同じ県で、土木や建設の社長のかたがたに招かれて講演したとき、トイレ掃除の話題が出て、土木や建設の社長さんたちは、「トイレ掃除をするとなると、秘書課か」「総務課か」「いや庶務課だろう」などという声が聞こえてきました。

トイレ掃除についてまとめておくと、その集団や組織の「トップの人」が自らトイレ掃除をすると、その会社が急に活性化するのです。仕事がふえたり、新しい仕事先や取引先が急に現れ、新しい製品を作らなければならないハメになったりします。家においては父親が、お店をやっているところはそのオーナーが、会社においては代表権を有する社長が、自らトイレ掃除をするとそうなるようなのです。

なぜ?

ただ、「そうすると、そうなる」という方程式。宇宙の法則らしい、としか言えません。

トイレ掃除をだれかがやらなくても、掃除の会社に任せてある、掃除のおばさんがいる(掃除のおばさんの仕事を取ってはいけないので自分はやらない、という社長さんもいました)、というように言う人もいます。

私が言っているのは、「自分が使ったトイレは自分がきれいにして出てくる」というものです。

それは、必ずしも会社のトイレだけの話ではありません。

デパートでも、高速道路のサービスエリアでも、レストランでも、「自分が使ったトイレはすべて」です。「その人」を神が見ているように思えます。

「秘書課かね」「いや総務課だろう」というような会話をしていた土木・建設の社長さんたちは、今もって売上げ減少に悩んでいるらしいのです。「自分がトイレ掃除をする」ということに早く気がつくとよいのですが。

これってインサイダー取引ですか?

東証一部上場の会社の話に戻ります。同じ県の、土木・建設の社長さんたちは、自らトイレ掃除をやろうというムードではありませんでした。が、今回の社長さんは「トイレ掃除をします」と宣言したのです。

私だけの、小林正観だけが知っている情報。

それは、「社長がトイレ掃除を始めると、その会社の業績が上がる」というものでした。

一部上場の会社というのは、その会社の株を一般の人が買えるのです。私は今まで株というものを、やったことがありません。なんの知識もなく、なんの経験もありません。

ですが、この会社の株だけは買ってみたいと思いました。

「社長がトイレ掃除」→「業績が上がる」→「株価が上がる」という、「トイレの三段論法」です。

別に、株でもうけたいわけではありません。損をしてもかまわないのです。が、この会社の株を見ているのは楽しいな、と思いました。

問題は「インサイダー取引」です。

社長がトイレ掃除を始める、という情報は少数の人しか知らない情報です。インサイダー取引として、社内に家族などがいる場合は、それらの人はその会社の株売買が認められていません。辞書を引くと、こう書いてありました。

〈証券会社の者や発行会社の役員・大株主など、証券の投資判断に影響を及ぼす重要な未公開の内部情報を有する者が、それを利用して行う不公正な証券取引。売買取引の公正と投資家保護のため規制される。内部者取引〉

「重要な未公開の内部情報を有する者」に、私は入るのだろうか。

社長がトイレ掃除を始めることを知ってしまったのだけれど……。

もちろん、私は役員でもなく大株主でもありません。証券会社の人でもありません。証券会社に勤めているという人に、聞いてみました。

「ある上場会社の社長がトイレ掃除を始めるというのですが、その情報をもとに、生まれて初めて株を買ってみようかと思うのです。が、インサイダー取引にならないでしょうか」

答えが返ってくるまでは、約1秒でした。

「絶対になりません」

あはははは……。

互いに笑ってしまいました。

「絶対に、ですか」

「絶対に、です」

「でも、トイレ掃除を社長が始めた会社って、すごく業績が上がるんですよ」

「絶対に、インサイダー取引になりません。トイレ掃除と株価が上がることに、因果関係の証明ができないじゃありませんか」

「そりゃそうですけど……」

というわけで、私は説得されてしまったのでした。そこで、安心して株を買うことにしました。

このページを社長に見せてみましょう

さて。トイレ掃除の情報は、インサイダー取引にはならないことがわかりました。そこで、上場している会社の社員さんに提案です。この本のこのページを、社長に見せるというのはどうでしょう。

そこで、「わかった。今日から自分が使ったトイレは必ずきれいにする」という言葉をいただいたら、すぐに自社の株を買う。知り合いに上場会社の社長がいたら、このページを見せる。そして「決意の言葉」をいただいたら、すぐにその会社の株を買う……。どうですか。ものすごく楽しくなってきたでしょう。社長を説得するために、以下のような納得の言葉も用意することにしましょう。「社長自身も自社株を持っているわけだから、株価が上がったら、社長自身もすごくもうかりますよ。ぜひトイレ掃除をしてください」

ここまで来ると、ことはどんどん大きくなります。

怒ってどなって声を荒げて、しかり飛ばしているばかりの社長に、「笑顔になってもらう」のです。

「怒らない・どならない・しかり飛ばさない」→「社員が味方になる」→「宇宙が味方になる」→「会社の業績が上がる」→「株価が上がる」

これもすごいことになる。

さらに、さらに、さらに。

「社員にも取引先にも、ありがとうばかりを言う（感謝ばかりの）社長になってもらう」のも、すごいことになります。

「感謝ばかりの人を、神や宇宙が応援する」→「会社の業績が上がる」→「株価が上がる」

とにかく、社長を「感謝の人」にしてしまう。「感謝の人」になってもらう。

社長が「そうする」となったら、会社は活性化し、業績がどんどん上がるのです。

この文章が公開された数年後には、

「インサイダー取引として、社内の人間がやってはいけないこと。

・社長にトイレ掃除を勧める。

・社長に『笑顔の人』になるように勧め、怒る、どなるをやめてもらう。

・社長に『感謝の人』になってもらって、常に『ありがとう』を言ってもらう」

という禁止事項が、加わるかもしれません。今のうちです。

因果関係が証明されないうちに、〝インサイダー取引〟を楽しむことにしましょう。

なぜか不運に見舞われてしまう野球選手たち

アメリカ大リーガーのイチロー選手（編注：現在は引退）に、私はとても関心があるのです。それは、道具をとてもとても大事にする選手だからです。

逆に、三振するとバットを地面にたたきつけてバットを折るバッター、あるいはホームランを打たれるとグローブを地面にたたきつける投手という人たちにも、ずっと関心を持ってきました。

これら、**道具に〝当たる〟人たちは、なかなか「すごい人」にならない**のです。

バットもグローブも、自分の仕事・生活を支えてくれている、成り立たせてくれているものでしょう。

そういうもの、つまりいちばん大事に思い、いちばん感謝しなければいけないはずのものに、感謝しないどころか〝当たってしまう〟、まるで道具が自分の不出来の原因であるかのように当たり散らす、ということをやってきた人にも、とても関心がありました。

結果的に言えば、道具に当たり散らしてきた人に大成した人はいませんでした。

さらに、もう一歩踏み込んで観察していた対象があります。

それは、ホームランを打ったあとにバットを放り投げる人たちでした。手ごたえがあった。ボールはスタンドに向かって飛んでいる。

私も、野球でホームランを打った経験があります。打った瞬間に、ホームランだとわかります。早く走らなくてもいい。

プロの選手であれば、ファンにアピールもしたいでしょう。

相手の投手に、どうだ、と見せつけたい気持ちもあるのでしょう。そこで、バットを放り投げる。

気持ちがわからないわけではありません。

しかし、それをやってきた人は、「なぜか不運」に見舞われるのです。

ホームランが打てるくらいですから才能には恵まれています。体も普通の人より大きく、丈夫。なのに、けがや病気、事故がつきまといます。

タイトルが取れそうなとき、けがなどをしてそのチャンスを逃してしまう。

そういう実例をずっと見てきました。バットを折らないまでも、放り投げる選手にも、とても関心があったのです。

王選手とイチロー選手の〝ものすごい〟共通項

バットをとても大事にしていた選手がいます。絶対に放り投げることをしない人でした。

その人の名は、王貞治《おうさだはる》さん。

打ったあと、バットのヘッド（先端部）を地面につけてから（ついたのを確認してから）、持っている手を離すのです。「そっと置いている」感じ。

結果的に「ものすごい人」になりました。

「ずいぶんバットを大事にする人」というのが王さんへの強い印象でした。

王さんのようなバットの置き方をする人に久しぶりに出会った、それがイチロー選手でした。

イチロー選手は、バットを放り投げることをしません。放り投げないどころか、バットをグラウンドに置いているときでさえ、ボールが当たるところを下向きにしたりしない。必ずボールが当たるところを上向きにして、少しでもしけることがないようにしているのです。

もちろん、打ち終わったあと、バットを放り投げずに、王さんのようにヘッドをそっと置き、ヘッドが地面に着いたことを確認してから手を離しています。

そのせいかどうか、当たりそこないがヒットになる場合もかなりあるのです。すべての道具を大事にしているから、バットだけではないのでしょう。

伸ばしたグローブの先に相手の打球が飛び込んでくれるのも、グローブや球が、「この人（イチロー選手）の仲間になってあげよう、味方になってあげよう」と思っているせいかもしれません。

道具やものを大事にしている人は、なぜか、とても「ついている」「ラッキー」「幸運」のように見えます。それらの「もの」、道具が、味方をしているように見えます。

「もの」にも心があるのかもしれません。

自分を大事にしてくれる人に「迷惑をかけない」だけではなくて、もっと積極的に「味方をしてあげたい」のかもしれません。

「もの」にもきっと心があるのです。

私自身の経験で言えば、私は車を新車で買ったことはなく、すべて中古車なのですが、毎回乗るときに「ありがとう」を言っています。

中古車ですが、とても快調でほとんど故障しません。よく走ってくれます。燃費もよくて、新車よりもいい場合さえあります。

意見を言ったり主張をしたりしない「もの」ですが、大事にしてあげると、いろいろなお返しをくださる（くださっている）のかもしれません。

宇宙の法則
〝天才とは量である〟

伊藤進《いとうすすむ》さんという書家がいます。

20歳のとき、体操中に首の骨を折り、半身まひになりました。

それから数年して、私の講演会においでになりました。車イスでした。それ以来、何回も笑顔を見せに来てくれました。

下半身は車イスだけれども、手はかすかに動く。リハビリのために手に筆を持ち、包帯で巻いて書をやっている、ということでした。

「文字の練習に、正観さんの言葉がいい練習になるんです」と笑顔で言うのです。

「私の言葉もいいですが、周りの人がもっと喜んでくれる言葉がありますよ。それは先人の知恵の集積である名言、格言、至言《しげん》です。それらを書いてみてください。1年で1000枚書きましょう」と提案しました。

「1000枚ですか」と、伊藤さんはびっくりした表情でした。

「なにをするにも数が重要なんです。天才とは、量なんですよ」と私。

「天才とは量である」とは、私が把握した宇宙法則の一つ。

美空《みそら》ひばりさんが吹き込んだ歌の総数、約1500。

1年に約40曲です。1カ月に3・3曲、約10日に1曲。それを40年続けて1500曲になりました。

漫画家の手塚治虫《てづかおさむ》さんが描いた漫画のページ数が、10万ページ。

小学生から62歳で亡くなるまで、50年描き続けました。1年2000ページ。

３６５日で割ると、１日約６ページ。これは1日の休みもなく描き続けた場合の数字です。

出かける日も、テレビに出演する日もありました。社員と打ち合わせの時間も必要でした。ですから、そういう時間を除けば、1日10ページ以上も描いていたでしょう。1ページ描くのに1時間としても、1日10時間です。

そんな日々を40年間続けたのです。だから、天才。

そういう認識があったので、どうせやるなら、1年で１０００枚書きなさい、と言いました。

伊藤さんのすごいところは、「わかりました。やってみます」という返事をしたことです。普通だったら、「えー、そんなの無理ですよ」という答えが返ってきます。

やってみなければわかりません。結果的にできなくてもいいのです。

「やってみよう」と思うことが、重要なポイントでした。

わらしべ長者現象を呼ぶ素直と謙虚

その後、伊藤さんはどんどん書いていったのです。

ほかの人の書道展に見学にも行きました。

すると、なぜか、「今度いっしょにやろう」とか、「この人に会いに行ってみて」とか言われるようになり、これも伊藤さんのすぐれたところなのですが、「えー、そんなこと」とか言わず、素直に提案に乗りました。

くれぐれも言っておきますが、「遠慮もおごりの一つ」なのです。

「こんな初心者レベルの私が、すごい書家であるあの人に会えるわけがない」と思うことが、すでに「おごり・高ぶり・うぬぼれ・ごう慢」です。

素直に、流れに従うことを、「謙虚」といいます。

すごい力を持った人から、「力がないね」「実力が足りない」と言われるかもしれません。それを覚悟したうえで、書道展に行く。それが謙虚。

伊藤さんは素直でした。その提案に素直に乗った結果、伊藤さんには次々に「わらしべ長者」現象が起きました。

そして、伊藤さんは、『今がすべて』という本を出版されたのですが、その本を読んでいくと、奇跡的な〝わらしべ長者〟現象が次々に起きたことがわかります（ちなみに、私がこの本の帯に推薦文を書かせていただきました）。伊藤さんは、雑誌の取材を受けたり、NHKで紹介されたりで、大忙しでした。

好きなことを続けると食べていけるようになる

ある人の文字がきれいでした。

「書をされたらどうですか」と提案しました。

本来は主婦なので、まったく考えたこともなかったそうです。

「私なんかとてもとても」との答えが返ってきました。

これを「謙虚じゃない」と言います。

「字を書くのが嫌いですか」

「いいえ、むしろ好きなほうだと思います」

「それだったら、やってみたらいいですね。好きなことだったら続きますよ」

「わかりました。やってみます」

ということで落ち着きました。

このなにげない会話の中に、重要なポイントが隠されています。

私の中の図式はこうです。


「好きなことは続けられる」＝「プロにならなくてもいい」＝「続く」＝「周りからたくさん頼まれる」＝「有料のものがふえる」＝「なんとか食べられるようになる」

この人にとっては、主婦という立場も味方しています。すぐにそれで生活する、しなければならない、という状況ではないことが、とても恵まれています。「やってみます」とのことだったので、さらに、伊藤さんに対してのと同じように、こんな提案もしました。

「字の美しさもさることながら、選ぶ言葉も重要です。先人の知恵の集積である名言、至言、格言を探し出してきて、書いてみてください。そういう言葉を見ていたいという人はたくさんいると思いますよ」

「わかりました。やってみます」との素直な返事が返ってきました。

続けていくと、必ず「売ってほしい」「買いたい」という人が現れます。

そのときに「私のものなんか、売れるわけありません。無料で差し上げます」というのを、「ごう慢」といいます。

「買いたい」という人の立場で考えてみてください。「お金はいりません。無料で差し上げます」と言われたとしましょう。その人は、その後の書を、「欲しい」と言えなくなります。

書が欲しいのに、言えなくなる。で、去っていきます。

ほんとうの優しさは、「向こうの希望金額で売ってあげること」。

気がつくと、プロになっています。

「謙虚」、「素直」、「優しさ」が、〝わらしべ長者〟現象を次々に呼び寄せるのです。

最終的な目標に即トライしてみよう

＊以下、登山に関する話をしますが、この話は、雪山、冬山、装備が必要な登山を除きます。私自身、遭難《そうなん》した経験があります。山を甘く見てはいけません。

ついこの間、こんな人がいました。

「富士山がとても好きなんです。富士山にあこがれています。富士山に登りたくて、登りたくて、しょうがないんです」

その方は20代半ばぐらいの女性でした。私の前に初めて顔を見せた人でした。講演会に来たこともなく、本を読んだこともないそうです。私の書いている本の中に、その富士山の実例が載《の》ってはいるのですが、この人は読んでいないようでした。

この人はこんな話をしました。「富士山に登る前に、10個ぐらい、別の山に登って足を鍛《きた》えたほうがいい」と友人から言われたそうです。そこで、「来週から、標高700～800mの山に登り始めるんです。10個登って、やっと来年ぐらいには富士山に登れるかな」ということでした。

その話を聞いて、私の提案は以下のようなものでした。

「いきなり富士山に登ってしまったらどうですか？」

「えっ？」と彼女は驚きました。

私の考え方はこういうものなのです。800mの山に登って、仮に頂上まで行けたとすると、あと２００ｍ、３００ｍ登れたかもしれません。１５００ｍの山に登ったら、いきなり１２００ｍのところまで行けたかもしれません。

二つ目、三つ目に１５００ｍの山に登ろうとしたときに、実は１８００ｍまで登る力があったかもしれません。１８００ｍの山に登ったときには、今度は２０００ｍまで登る能力と気力があったかもしれません。

そういうふうに考えていったときに、**最終的目標が富士山であるのならば、いきなり富士山に登ってしまえばいいではないかというのが私の考え方です。**

８００ｍ、１０００ｍ、１２００ｍ、１４００ｍ、１６００ｍというように、少しずつの高さの山を全部こなしていって、全部登れて準備完了できたら富士山に挑むんだという話でしたが、いきなり富士山に登ってしまうというのはどうでしょうか。３７７６ｍの山にいきなりトライをしてしまうのです。

富士山は現在、標高が３７７６ｍですが、５合目までは車で登ることができます。残りが上の５合目。つまり、単純計算すると、３７７６ｍの半分、１８００ｍか、１９００ｍぐらい登れば頂上まで到達するということです。

「5合目まで車で行って、高山病にならないのですか」とそのかたはお聞きになりました。

しかし、高山病になるのは2500m以上を電車や車でさっと上ったときに限られています。自分の足でゆっくり、一歩ずつかみしめて、踏みしめて登っていくときには、ほとんど高山病になりません。そのような話をしました。

その人は目を輝かせてこう言いました。

「わかりました、低い山を次々にやっていくというのはやめることにします。いきなり富士山にチャレンジすることにします」

しかも、彼女は続けてこういったのです。

「何か、1回目で富士山の山頂まで行けるような気がしてきました。いえ、行きます、必ず行けると思います」

満面の笑みでした。

やってみてダメなら引き返せばよい

その人が言うには、私のような考え方に出合ったことはいまだかってないそうです。多くの人が、少しずつ訓練をして、少しずつ登って、足腰を鍛えて、最終的に富士山に挑みなさいというふうなアドバイスをなされたそうです。

それも一つの方法論ではありますが、私の考え方は、25歳の若者であるならば、もう、いきなり登れるかもしれないということです。

そして、もし、1800mのところでダウンをして、これ以上登れないということであれば、1800mのところで引き返してくればよいのではないでしょうか。そして、次に、今度は2000mまで登れるかもしれません。2000mまで上がって、また、引き返してくればよい。

そして、次は2500mまで行けるかもしれません。そこで、気力、体力が終わってしまったら、次に、今度は2500mまで行けるかもしれません。それでダメだったら次は、2800mまで行けるかもしれません。

でも、彼女が言うように、**1回目で登頂してしまう可能性だってあるのです。**

それは、いきなり富士山を目指すという方法論で可能になります。800mの山から始めたのでは、ずっとその10個の山をこなさない限り、富士山の山頂に立つことはありません。

富士山を目指すのならば、いきなり富士山を目指せばいいと思います。

わざわざ回り道をする必要はない

同じことが仕事でもいえます。

何か特殊な仕事をしたいとします。例えば画家になりたい、絵を描いて暮らしたい。そのときに、この学校へ行き、だれか師匠に師事をし、なんとか展に入選をしなければ画家になれないんだと思った人は、その富士登山とまったく同じ考え方をすることになります。この山を登り、あの山を登り、すべての山をこなしていかない限り、頂上には立てないのだと思っているのです。

しかし、**画家を志すのであれば、いきなり名刺を作って「画家」というふうに入れてしまえばよい**ではありませんか。

そして、その画家の名刺を半年も配り続けているうちに、ここのところに絵を描いてくれとか、ここにちょっとさし絵を描いてくれとか、ここにちょっと絵を飾りたいんだとかという話が必ず飛び込んできます。

そこに自分が美術学校へ行ってないから、芸術大学へ行ってないから描けませんというのではなくて、その回り道を経ないでも、なりたいもの、やりたいものを全部いきなりやってしまう。つまり、名刺に書いて、名刺を配ってしまうというやり方があります。

一般常識的には、基礎をやったほうがいいのでしょうが、基礎をやったからといって、絵は好まれるわけではありません。基礎をやっていない人でもじゅうぶんに絵が上手な人がいて、その絵がとても魅力的であるという人もたくさんいるのです。

だから、画家をやりたいのであれば、いきなり画家を志すこと。

いろんな山を登って、いろんな紆余曲折《うよきょくせつ》を経て、回り道をして富士山を目指すのではなく、いきなり富士山に登ってしまうという人生の考え方があることをぜひ覚えておいてください。

断ってもいい頼まれごともある

頼まれごとは引き受けましょうと、お話ししてきました。

先日、400字原稿用紙5枚で合計1万円の原稿料で書いてくれと、ある雑誌からの依頼がありました。1枚2000円。高校生の投稿謝礼にもならない金額です。

商業雑誌として販売されている本なので、少なくとも〝著述業〟で食べている人間に対する原稿料ではありません。お断りしました。

さらに、頼まれごとを断った例があります。私の本を台湾で出版したい、韓国で出版したい、という話でした。日本語ではなく、中国語に訳し、韓国語に訳し、というお話です。

どちらもお断りしました。

その理由は、「校正ができない」。

私は中国語も韓国語もできません。したがって、どういうふうに翻訳されたのかが、まったくわかりません。で、お断りしました。

原稿料の件でいうと、「すべての頼まれごとを引き受けろ、と言っているじゃないか。じゃあ1枚2000円の原稿だって引き受けるだろう」と思われたらしいのです。

「頼まれごと」を（基本的に、原則的には）引き受けるのですが、引き受けない、引き受けられないこともあります。

引き受ける、引き受けない、という線引きをすることになるのですが、そこに、宇宙が私たちにくださったすばらしいメジャー（ものさし）がありました。

それは「自己嫌悪《じこけんお》」という感情です。

よく質問されるのですが、「お金を貸してくれ、と言われた。これも頼まれごとか」というのです。

そのつど、「お金を貸して、というのは、お金に用があるのであって、あなたでなくてもよい、というものです。基本的には頼まれごとではありません。断ってもかまいません」とお答えしてきました。

基本的に原則的に、**借金の申し込みは「お金に用事」があるのであって、「その人でなければならない」わけではない（その人への用事ではない）ので、断ってよい**と思うのです。

自己嫌悪の少ないほうを選ぶ

ただし、ここに「自己嫌悪」という感情がかかわってきます。

例えば、ある友人から「30万貸して」と言われたとしましょう。

その人はお金が入ったらすぐ使ってしまう。収入のあったときは豪華レストランで食事をし、使い果たすとカップラーメンを食べて過ごす、というような〝気分屋〟の生活をしているとします。その人が「金がないので30万貸してくれ」と言ってきた。

「貸さない」場合の自己嫌悪が10％。

「貸した」場合の自己嫌悪が90％。

結論は、「自己嫌悪の少ないほうを選ぶ」。

したがって、「貸さない」との結論になるのです。

反対に、とても地道に誠実に生きている人がいます。

その人がたまたま財布を落としてしまったとかなにかの被害に遭《あ》ったとかで、「30万貸して」と言ってきたとしましょう。

「貸さない」場合の自己嫌悪が95％。

「貸した」場合の自己嫌悪は5％。

そういうときは、「貸す」ほうを選択したほうがいいと思います。

自己嫌悪の少ないほうを選ぶ。

ただ、この「自己嫌悪」の感情というのは、一般論では論じられません。同じ人から同じような状況で頼まれても、「私」のほうが変わっていることがあります。「私」の寛容度・許容量がふえた結果、昨年は「ノー」だったものが、今年は「イエス」になっているかもしれません。

逆に、人がよく見えるようになった結果、いろいろ説明するけれども、どうもお金にルーズであちこちから借りまくっているようだ、と見抜けた場合、今度は「ノー」になるでしょう。

ときによって違い、人によって違い、状況によって違う、その一つについて、「貸すほうがよい」「貸さないほうがよい」と決められる方程式が存在するわけではありません。

ですが、「自己嫌悪」という計り方で計ると、とてもわかりやすいのです。

お金のつき合いと人間のつき合いは同じ

ここでちょっとおもしろい話。

「頼まれごとはなるべく断らないように生きましょう」と言っている私に対して、今まで同じような手紙が数十件来ました。

内容的にはほとんど同じ。

「△△市の講演会の3列目、左から5人目のところにいた者です。正観さんは〝頼まれごと〟を断らない、ということなのでお願いします。『……』というわけで200万円、どうしても○月○日までに入れなければいけません。○月○日までに200万円振り込んでください。口座番号は……」

というものです。

理由はいろいろです。クレジットカードを使いすぎた、とか、友人からの借金を返さなくてはいけなくなったので、とか。

私はこの人を知りません。友人でもありません。この人は、会いに来たわけでもなく、ただ80円切手を貼《は》って投函しただけです。とても安易です。

だからこそ、借金が何百万円かになってしまったのかもしれません。

お金とのつき合いは、「人間とのつき合いでもある」ことを、知っておきましょう。

第4章

穏和な「家庭と夫婦」の話

祝福神《しゅくふくじん》の言葉で楽しい人間関係を築く

これからいくつかの家庭、夫婦に関する「人間関係論」を書くのですが、めんどうな人はここから134ページまでの話ですべて済んでしまいます。この部分だけ読んでも、けっこう楽しい人間関係を築くことができることでしょう。

今日から、自分の口から出てくる言葉を「肯定的」で「喜び」に満ちたものにすることです。

私は7つの言葉、「うれしい」「楽しい」「幸せ」「愛してる」「大好き」「ありがとう」「ツイてる」を、現象を肯定し、喜び祝福しているという意味で「七福神」ならぬ「祝福神」と呼んできました。

こうした「肯定的」な「喜び言葉」「幸せ言葉」「感謝言葉」を使う人ほど、

人間関係がいいように思えるのです。

例えば、家の中で、こんな言葉を言ったとしましょう。

「あーあ、私ほど不運で不幸な人間はいない。こんなにツキのない人間はいない。私はアンラッキーだ」

この言葉を聞いた夫や子どもは、「いっしょにいた20年も不運で不幸だったのか」「私たち子どもといっしょにいた15年も、不運で不幸だったんだ」と思ってしまいます。

ただし、その言葉（不運で不幸）を面と向かって言われたわけではないので、たぶん正面切っては反応しないでしょう。だからこそ、なにげなく使っているかもしれないのですが。

その否定的な言葉を聞いて、体はシュンとなります。「元気になる」の反対で、「シュンとなる」。この「否定的」な言葉を聞いた夫や子どもは、そのときに「体が重くなった」ことを体験しています。ゆえに、次の「あーあ」が来たときには席を立つ。その場から離れる。ついには、母親が部屋に入ってきたとたん、部屋を出ていきます。それが進むと、「ただいま」と帰ってきた声が聞こえたら、すぐに自分たちの部屋に逃げていってしまうでしょう。

聞けば聞くほど、体が重くなるからです。

満たされている家族の法則

では、まったく逆の話。

「あーあ、私ほど幸運で幸福な人間はいない。こんなにツイている人間はいない。私はラッキーの塊《かたまり》だ」と言ったとします。

この言葉を聞いた夫や子どもは、「いっしょにいた20年も幸運で幸福だったんだ」「私たち子どもといっしょにいた15年も、幸運で幸福だったんだ」と思います。

面と向かって言われたわけではないのに、体が活性化し、元気になります。体が軽くなることでしょう。

母親から発せられる言葉が、「喜びに満ちたもの」で「幸せ言葉」で「感謝言葉」だったら、夫や子どもは、そばにいるだけで元気になるでしょう。

その人のそばに、いつも人が（家族が）集まることになります。

それぞれが子ども部屋に行っていた場合でも、母親の「肯定的」な言葉を聞くとなぜか元気になるので、子どもたちも集まってきます。

そして、どんどん元気になっていきます。

人間関係の大法則

では今度は、喫茶店に5人の人が集まり、コーヒーを飲み、ケーキを食べているとしましょう。

美しい夕焼けでした。

「あーあ、私はどうしていつもこんなに幸運なんでしょう。美しい夕焼けのときは、いつもそれを見られるところにいる。私ほどツイていて、ラッキーな人はいないわ」と言ったとします。

ラッキーな人なのです。幸運な人なのです。それも、いつもいつも幸運な人なのです。

その言葉（幸運でラッキー）を聞いた人はこう思うでしょう。

「友人としてつき合ってきたこの10年も、この人にとっては幸運でラッキーな10年だったということよね」

そう思った瞬間に、〝友人〟としてのこの人の体は活性化し、元気になるのです。「私の人生は幸運でラッキーだった」と言えば言うほど、周りの人は元気になる。

その人の「肯定的な言葉」「喜び言葉」「幸せ言葉」「感謝言葉」を聞くと、

周りの人は元気になりますが、聞かされている周りの人は、一つひとつの言葉に喜び反応を示している自分の体に、必ずしも気がついているわけではありません。けれども、「なんとなく楽しく、元気になる」わけです。

その言葉を聞くと活性化し、元気になる。

したがって、周りにどんどん人が集まります。それも「楽しい人」や「明るい人」ばかりです。

「明るい言葉」には「明るい人」が反応します。

「楽しい言葉」には「楽しい人」が反応するのです。

ここまでわかったら、あとは簡単。

「肯定言葉」「喜び言葉」「幸せ言葉」をたくさん言える人になればよいということになります。

今日から自分の口から出てくる言葉を、そうした言葉に切り替える。

過半数の言葉を、それらの言葉に変えよう、と決意してみてください。

今夜から、「過半数」の言葉を、肯定的、喜び、幸せ、感謝に満ちたものに

変える。

行きつ戻りつはありますが、3年ほどたったら、すべての言葉、100%の言葉が「肯定言葉」「喜び言葉」「幸せ言葉」「感謝言葉」になっているかもしれません。

「なっているかも」というよりは、「たぶん、なっている」と思います。

宇宙の法則。それも「大法則」。

――投げかけたものが返ってくる。

――投げかけないものは返らない。

――愛すれば愛される。

――愛さなければ愛されない。

――嫌えば嫌われる。

――嫌わなければ嫌われない。

投げかけたものがそっくり返ってくる

自分の口から出てくる言葉が50％、「肯定言葉」「喜び言葉」「幸せ言葉」「感謝言葉」だとしましょう。

そのとき、「肯定的」で「喜び」や「幸せ」に満ちて「感謝」をしている人が、友人の50％を占めています。

60％になったら。

60％の友人が、そういう人になる。

80％になったら。

80％の友人が、そういう人になる。

100％になったら。

100%の友人が、そういう人になる。

自分が〝投げかけている〟ことの結果として、自分がその状況に囲まれます。

――投げかけたものが返ってくる。

これは、ほんとうに大きな法則なのです。

この法則が理解できたら、今夜から実践です。

「うれしい」「楽しい」「幸せ」「愛してる」「大好き」「ありがとう」「ツイてる」などをたくさん言う。

3年後、自分がそういう「肯定言葉」「喜び言葉」「幸せ言葉」「感謝言葉」しか言わなくなっていると、いつの間にか、自分の周りの人（家族や職場の同僚など）が変わってきたことに気づきます。そういう楽しく、明るい人に囲まれるのです。

今日から実践。

「楽しい楽しい3年後」が、待っています。

真の優しさとはいったい何か

数年前になりますが、ある50代の人が皆の前でこんなことを言いました。

「夫がとても冷たい人であることがわかった。今離婚を考えている。高校の同級生で親友だった人がガンで入院しているのに、半年たっても一度も見舞いに行かない。そんなに冷たい人だとは思わなかった。何回言っても行かないのでケンカもした。もう離婚しかない」

と言うのでした。

「ちょっと待ってください。離婚をしようがしまいが私たちには関係ありませんが、事実関係で気になるところがあります。

それは、病気の見舞いに行かない人は冷たい、という認識です。ご主人はとても温かい人で優しい人なのかもしれません。優しいがゆえに見舞いに行かないのかもしれません。

私だったら、元気に飛び回っていたころよりやつれてしまった自分を見られたくないと思います。親友だからこそ、見舞いに行かないのかもしれませんよ。親友からしたら、親しい人ほど来てほしくないということだってあるでしょう。元気な自分を覚えていてほしい、って」

ご主人を知っている何人かの人が同じことを言いました。

「ご主人はとっても優しい人だと思います。冷たい人ではないですよ。たぶん今の考えのとおりなんだと思う」

3カ月後。その人が皆の前で報告されました。

「先日の話ですが、そういうことなのかを聞いてみたのです。皆さんがおっしゃったそのとおりでした。夫をもっと大好きになりました。今は前より仲よしになりました。皆さん、ほんとうにありがとうございました。別れないですみました」

皆さんが拍手されました。

言うことを聞いてくれない老母の話

ともに70歳の女性でした。

Aさんは直接お会いしました。

Bさんは電話だけです。お会いしたこともなく、まったく知り合いでもありませんでした。

まずはAさんの話。

講演が終わったあと、お茶会のために徒歩5分ほどのレストランに移動しているときでした。

今日初めて、という70歳の女性が追いついてきて、隣に肩を並べました。

「質問していいですか？」

最近は、あまり相談や質問にはおつき合いしないようにしています。あとで述べるように、**相談ごと、質問の98％が、他人のこと**だからです。

「実は、94歳になる母のことなんですが……」

あ、やはり、自分のことではなく、自分以外の（他人の）こと。

「先日、母が新しい家を買いまして、一人で住み始めました。目も耳も達者で、食事も自分で作って食べられるんですが、一つだけ困ったことがあるんです」

94歳の人が一人で住んでいて食事もできるが、困ったことがたった〝一つだけ〟……。

興味を刺激されました。

「どんなことですか」

「実は、新しいシステムキッチンを入れてくれと頼んだのに、古いシステムキッチンを入れてしまったんです。私たちには使いにくくてしかたありません。しかし、母は頑《がん》として聞かず、説得できなくて困っています。どうしたら説得できるでしょうか」

えー、っと、私は言葉がしばらく出てきませんでした。質問の意味がよくわからないということもあって、質問しました。

「だれの家なんですか」

「母の家です」

「住んでいるのはだれですか」

「母です」

「システムキッチンを使っているのはだれですか」

「母です」

「では、あなたには関係ないじゃありませんか」

「でも、母が死んだあとは私が使うことになっているんです」

「それなら、お母さんが亡くなって自分が住むことになってから、替えればいいことではありませんか」

「……」

このかたは黙りました。

40歳は正も邪もわかる素敵な大人

レストランに着きました。この70歳のかたは、私の正面に席を取りました。

「質問していいですか」

私は、はあ、と生返事。

「実は私には40歳になる息子がいるんですが、2週間前に交通事故を起こしまして……」

「はっ……？」

「どうしたらいいんでしょう」

ちょっと待ってください。40歳の男性といったら、右も左も正も邪も、甘い辛いもすべて判断できる、いちばんカッコいい世代ではありませんか。

「40歳の男性なら、自分で全部テキパキ処理できると思いますよ」

「でも、私には息子なんです」

それはそうですが。

何十年もたっても息子は息子ですが、向こうも素敵な大人になっているのです。40歳なら親があれこれ言う年齢ではないでしょう。

私は笑いながらお尋ねしました。

「今まで、人間関係で苦しんできませんでしたか。人間関係が大変ではなかったですか」

そのかたは数秒考えていましたが、こうお答えになりました。

「確かにそうでした。人間関係はいろいろな点でいつも問題がたくさんありました」

「そうですよね。〝問題だ〟と言いながら、その〝問題〟の本質は、相手を自分の思うようにしたい、ということだったと思います。思うようにするという

のをやめないかぎり、問題が続くと思いますよ」

そのかたは黙ってしまい、黙々と食べ続けました。

問題と考えるのをやめれば問題はなくなる

Bさんの話に移ります。

午前2時ごろの電話でした。電話や手紙による相談は受けていないのですが、突然に電話がかかりました。

「40歳になる娘のことで相談があるんです」

「電話相談は受けてませんが、どんなことでしょうか。簡単なことなら」

「実は、40になる娘が、会社の上司を好きになって、結婚したいと言い出しました」

「それはよかったですね。おめでとうございます」

「それがですね。娘は初婚なのに相手の男性は50代で、離婚していて子どもも2人いるというんです」

「離婚しているなら、結婚できますよね。なにが問題なんですか」

「だって、娘は初婚なんですよ。相手は子どももいて、離婚歴があって、しかも50代なんですよ」

「別に問題ないじゃないですか」

「でも、娘には幸せになってもらいたいんです」

「その人と結婚することが幸せなのではありませんか」

「もっとちゃんとした結婚をしてほしいんです」

5秒ほどおいてから、私は逆にお尋ねしました。

「ご家族の中で、その結婚に反対されているかたは、ほかにおられるのですか」

答えは、

「私だけです」

私は笑いながら、さらにこう聞きました。

「では、あなたが、なにも言わなくなったら、問題だ問題だ、と叫んでいる人はいなくなるということですね」

しばらくあって、答えが返ってきました。

「それはそうですけど」

「では、あなたが騒がなければ、どこにも問題はないのですよね。**あなたが〝問題だ〟と騒いでいるのを、あなた自身がやめれば、どこにも問題は存在してないのですよね**」

10秒くらいの沈黙のあと、驚くほどトーンダウンした、落ち着いた声が返ってきました。

「わかりました」

電話が終わりました。この間、2分くらいだったでしょうか。

「思い通りにならない」ことを「受け入れる」

Aさんの場合もBさんの場合も、問題の本質は同じです。

「周りの人間を思いどおりにしたい」

ということです。自分の思いどおりにならないことを「問題だ」と騒ぎ、それを「悩み」「苦しみ」だと思い込んでいます。

人間は、どんな人も自分の思いどおりになど、なりません。

それなのに、「思いどおりにしようとする」のです。家族では親子関係、夫婦関係というものが入り込んでいて、特に親子関係で「思いどおりにしようとする」イコール「思いどおりにならない」ことが生じて、トラブル、ケンカのもとになっています。

「思いどおりにしようとすること」が、人間関係を悪くしているのです。人間の「だれかを思いどおりにしようとすること」が、人間関係を悪くしているのです。

人間は「思いどおりになどならない」ことを認識すること。これは「悟り」の一つにもなるのですが、人間だけでなく、世の中のすべてが「思いどおりにならない」。「思いどおりにならないこと」がわかったら、「それを受け入れる」。

人間関係の悩み・苦しみは、ほとんどが、「思いどおりにしよう」というところから始まっています。

生まれる前の記憶がある子どもたち

「生前《せいぜん》」という言葉があります。「生まれる前」と書きます。

「生前、あのかたが使っていたものです」というような使い方をします。意味としては、「生きていたとき」「死ぬ前」ということです。常識に考えると、「死前」と書かなくてはいけないはずでした。

似た言葉に「大往生《だいおうじょう》」という言葉があります。

「往生」は死ぬこと、「大往生」は「安らかに穏やかに死ぬこと」です。「往生」は、「生《せい》（の世界に）往く」と書きます。これも、本来なら、「往死」「死（の世界）に往く」と書くべきところでした。

どうも、**昔の人たちは、「あの世《よ》」があると思っていた**ようです。

さらに、「あの世」のほうが「ほんとうの生」の世界であって、こちらの世界は「仮の世」と思っていた節があります。

「誕生日」の「誕」という文字を調べてみると、おもしろいことがわかります。**「誕」は「生まれる」のほかに「いつわる」「いつわり」という意味がある**のです。

私たちの人生は「いつわりの人生」なのかもしれません。「本物ではない」

「ほんとうではないんだ」ということでしょうか。

この40年で、私は22人の子どもに遭遇《そうぐう》しました。いずれも3歳児です。ある共通項を持った子どもたちでした。

その共通項とは、「生前の記憶を持っていた」ということです。

一般的には2歳半くらいでちゃんとした言葉をしゃべり始めます。3歳くらいだと言いたいことが伝えられるレベルですが、同時に「生前」の記憶は、しだいに薄れていくようです。多くの場合、4歳では記憶がなくなってしまうのでしょう。

自分の子に「生まれる前のことを覚えている？」と聞いた親がいました。「覚えているよ」と答えた子どもたちでした。

22人の子どもは、互いに知り合いではありません。皆、数百㎞も離れたところに住み、親どうしも知り合いではありません。ですから、だれかがだれかの話を聞いて影響を受けて、同じような話を創作している、というような可能性はとても低いのです。

すべての親に会っていますが、親が子を「誘導した」という感じの人は一人もいませんでした。親も子も、皆が、信じるに足る人たちでした。

その子の話を聞いて、ぜひその子に会って話を聞きたい、と私が希望し、翌日などに会うことができた子が22人。

子どもは皆母親を選んで生まれてきている

子どもたちが語った内容は、どれもよく似ていました。

いわく、**「お母さんが寂しそうだったので、この人を励ましてあげようと思ったら、その人のところに生まれてしまった」**

いわく、**「お母さんが泣いていたので、味方をしてあげようと思った」**

いわく、**「お母さんが一人だったので、話し相手になってあげようと思った」**

こんなことを言う子もいました。

「お母さんが男の人に泣かされていたので、お母さんの側についてあげようと思ったら、お母さんのおなかから生まれてしまった。その後、お母さんを泣かせていた人が、今のお父さんであることがわかった」

恋人時代にケンカをしていたのかもしれません。

「お父さんとお母さんがとても仲よしで楽しそうだったので、ここの子どもに生まれたら楽しそうだと思った」

「後ろに妹がいて、二人であの人たちの子どもになろうね、と約束し、私が先に行くからね、と言って出てきた。妹はすぐあとから来ると言っていたのに、出てきたのは2年もあとだった」

「あの世」では多くの〝仲間〟に囲まれていた、と言うのです。

「向こうで会おうね」と言って皆と別れたのに、生まれたときには知り合い（そのときの仲間）がだれもいなかったので、寂しくて悲しくて泣いてしまった、という話をした子もいました。

22人の話を総合すると、どうも「あの世」があるようだ、と言わざるをえません。22例では少なすぎるとは思うのですが、西暦2000年までは「励ましてあげようと思った」「元気にしてあげようと思った」「味方をしてあげようと思った」という子どもばかりでした。

「楽しそうにしていたので、この家に生まれたら楽しいだろうと思って生まれてきた」という〝喜び〟型、〝幸せ〟型で生まれてきた子どもは、なぜか2001年以降に生まれた子どもが多いのです。

天上界では、2000年と2001年を境として、なにかが変容したのかもしれません。

さて、以上のことでわかるのは、子どもはみんな親に（特に母親に）好意を持ち、その人が好きなので、選んで生まれてきたらしい、ということです。

22例の中では、「お父さんだけが好きなので、お父さんを選んで生まれてきた」という子はいませんでした。

「お父さんとお母さん」が両方出てくる例はありましたが、22例の中で推定するに、子どもはどうも母親をキーパースンとして選んでいるようです。

「母親を好きで選んで生まれてきた子どもたち」

今日から、感情的に子どもにどなる、怒る、いばる、声を荒げる、不機嫌《ふきげん》な態度をぶつける、というようなことをやめる。

どんな子も、もともとが母親を好きで好きで生まれてきたのです。

穏やかに、なごやかに、静かに、淡々と、笑顔で、接していたら、笑顔で聞き分けてくれるような気がします。

ちなみに、22例の親と子どもは、22例すべてが優しい母親に素直な子ども、という図式でした。22例すべての親子関係が、見ていて心温まるようなものばかりでした。

ある母親の言葉。

「知ってしまったら、どんなことがあっても怒れませんよね」

今日から、優しい母親に戻る、というのはどうでしょうか。

夫婦の職業で離婚率が変わる

心理学の用語に「ヤマアラシジレンマ」という言葉があります。

ヤマアラシは体にたくさんのとげがあり、好き合っているヤマアラシどうしがひしと抱き合うと、相手を穴だらけにしてしまう、傷だらけにしてしまうということのたとえです。

とてもとても愛し合っている恋人を想像してください。この2人がヤマアラシだったとしたら。

この2人が愛し合い、抱き合えば抱き合うほど、相手を傷つけます。

実は、人間関係も同じ。**近すぎることで相手を傷つけていることが、少なくないのです。**

離婚率を職業別に見ると、離婚率がいちばん低い職業は、遠洋漁業の乗組員さんだそう。

ほとんど顔を合わせない夫婦というわけです。たまに帰ってきた夫が、たまに帰ってきたのだからいばりたいだけいばるぞ、とはなりにくいでしょう。たまに帰ってきたのだから、滞在する数日間はできるだけ笑顔で楽しくいたいと思うでしょう。

それに対して、一家を支えるお仕事をして（それも命がけでの仕事です）たまに帰ってきた夫・父親に、できるかぎり笑顔で接してあげたいと思う家族も、そのように応《こた》えるでしょう。

やはり笑顔で接したいと思う。

その結果として、仲よしの家族が持続します。

この話を講演会でしたとき、「うちの父は遠洋漁業の乗組員ですが、帰ってくると、いばってどなってわがままばかりで、手がつけられません。とても困っています。今の話にまったく該当していない父親は、どうすればいいんですか」と訴えに来た人がいました。

話の内容と質問の趣旨が、微妙にずれています。

今は「父親の人格」を論じているのではありません。人間関係の「距離」の話をしています。

どんな実例にも例外があり、必ずそうなると言っているのではありません。

笑顔でいつもニコニコしていたら、ガンが治ってしまった、という実例があります。だからといって、笑顔でいつもニコニコしていたら、必ず治るというわけではありません。ほかの要素もいろいろ絡《から》んでいるのでしょう。

怒ってどなってばかりのその父親には、深い悲しみがあるのかもしれません。

「離婚率が最も低い」からといって、離婚がまったくないわけではない。

ただ全体の傾向として、毎日顔を合わせていることが絶対必要というのではなさそうだ、ということです。

むしろ、たまに会うほうが仲のよさを維持できるのかもしれません。

大恋愛の末に結婚したとすると……

結婚には四つの形があります。

①大恋愛結婚
②恋愛結婚
③見合い結婚
④いいなずけ結婚

「大恋愛」とは、「周りの人がほとんど結婚に反対だった」状態を言います。

その「大反対」「猛反対」を乗り越えての結婚を、「大恋愛」と言います。

「大好きだった」「ものすごく愛し合った」から「大恋愛」と言えるわけではありません。

さて、「恋愛量」が最も多いのが「大恋愛結婚」でしょう。次が「恋愛結婚」でしょう。その次が「見合い結婚」で、恋愛量が最も少ないのが「いいなずけ結婚」でしょう。

ちなみに、いいなずけ結婚とは、本人たちが幼いころ、親どうしが勝手に決めてしまった結婚で、本人の意思がほとんど入りません。人権無視もいいところですが、昔はこういう結婚も少なくなかったのです。

ところが、世の中おもしろい。

離婚率は、上から順に「大恋愛」「恋愛」「見合い」「いいなずけ」と来るのです。**「恋愛量」が多いほど、離婚率が高い。**

もちろん、もう一度言いますが、必ず例外はあるので、全部がそうといっているのではありません。

「恋愛量」が多いと、「近づきたがる」のです。なんでもかんでも「知りたがる」のです。相手の世界に踏み込みたがります。

踏み込んだ結果として、言い争いになり、ケンカになり、互いに相手を嫌いになります。

人間関係には（家族であろうと恋人であろうと）、適当な距離が必要です。

私はこれを「者間距離《しゃかんきょり》」と呼んでいるのですが、適正な「者間距離」があったほうがいいようです。

「者間距離」を踏み込んでのケンカというのはありますが、「遠すぎるから」のケンカというのは起きにくいように思います。

親子であっても守りたい適正な〝者間〟距離

子どもだと思っていた娘が、母親が近くを通ると、日記を隠すようになった。ついこの間まで日記を見せに来るほどの仲よしだった。なにを隠しているんだろうと思って、娘が学校に行っているときに、気楽な気持ちで日記を見た。

帰ってきた娘に母親が言うわけです。

「あなた、××ちゃんが好きになったんだって」

娘は烈火《れっか》のごとく怒ります。**日記を隠すようになったら、大人に向けての自立が始まったということ。絶対に日記を無断で見てはいけない**のです。

同様に、勝手にメールとか携帯電話とかを見てはいけない。そういうことをすると、人間関係に憎しみと憎悪《ぞうお》が生じます。

人間関係には、適当な距離が必要なのです。踏み込んではいけない領域がある。その人自身の領域がある。「親しき仲にも礼儀あり」です。

こんな話に対して、

「言いたいことも言えないような夫婦は、夫婦じゃない。わがままを言えてこそ、夫婦であり、家族じゃないか」

と主張した男性がいました。

「夫婦だからといってあんまりわがままばかり言っていると、妻という名の女性に嫌われますよ」

と言いました。

1年くらいだったころでしょうか、この夫婦が離婚したということを聞きました。**いっしょにいること、たくさん長い時間いっしょに過ごすことが、必ずしも人間関係をよくするわけではありません。**適当な「者間距離」が、穏やかで円満な、和やかな人間関係を作っている場合もあるのです。

自分から感謝できれば夫婦円満は簡単なこと

ある講演会のあとで、こんなことを言いに来た夫婦がいました。

「3カ月前に正観さんの話を初めて聞きに来ました。そして、感謝という話をたくさん聞きました。その話を聞いた夜、結婚生活10年でいちばん激しい夫婦ゲンカをしました」というものでした。

私の話を聞いて「夫婦ゲンカをしなくなった」「夫婦仲がよくなった」という人はたくさんいます。

ところが、この夫婦は私の話を初めて聞いたその夜、結婚以来、最も激しい夫婦ゲンカをしたというのです。

ちょっと興味をそそられました。

「どういうことですか、詳しい話をお聞かせいただけますか」と私は2人に頼みました。

夫婦ゲンカをするのは、感謝が足りないせいだと私は思うのです。

もし、自分の夫だと思わずに、隣のおじさんだと思ったら、自分たち妻子のために給料を入れてくれて、養ってくれて、心の底からありがたいと思うことでしょう。

逆に夫の側からすれば、自分の妻だとは思わずに、隣のおばさんだと思ったら、毎日朝早く起きて朝食を作ってくれて、夕方帰ってくると温かいごはんを用意してくれて、もうひたすら感謝しかありません。

そういう話を、笑いを交えてよくするのですが、会場じゅうの人が笑いながら笑顔で帰っていきました。

ですから、その日の夜に、10年間でいちばん激しい夫婦ゲンカをしたというのは、すぐには理解ができない話だったのです。

2人の話は、こういうものでした。

「感謝が足りないよね」

「あなたこそ、私に対する感謝が足りないんじゃないの」

「おまえこそ、俺《おれ》に対して感謝が足りないんじゃないか」

こういう会話がエスカレートし、お互いに興奮状態になって言い争いになったのだそうです。

とてもおもしろい話でした。

この2人の名誉のために言っておきましょう。

10年間でいちばん激しいケンカをしたあと、折り合いがつき、2人とも「ああ、**自分のほうから感謝をするべきものなのだ**」ということに気がついたそうです。そして、お互いに自分のほうから相手に感謝するようになった、ということでした。

めでたしめでたしです。

強要からは何も生まれない

月に一度、泊まり込みの合宿をしているのですが、あるところに初めて参加された主婦が来ました。

その主婦のかたが来た理由というのは、こういうものでした。

「夫がいつも暗い顔をしている、楽しそうじゃない。夫を明るく楽しい人にしたい。どうしたらいいかずっと悩んで苦しんでいる」

何泊かしているうちに、おもしろいことに気がつきました。

そういう問題を抱えてきた主婦そのものが、ほとんど笑わない、ほとんど笑顔にならない。もちろん自分からジョークを飛ばしたりもしないのです。ずっと暗い顔をして、数日の間、ほとんど明るい顔もせず、笑顔もなくて過ごしていました。

「自分の側が全然楽しそうじゃないですよね。あなたの笑顔がほとんど見られませんでしたね」と私は言いました。

「夫のことを考えていると、明るい気分や顔にならないんです」という話でした。2カ月後、また同じところで合宿が行われました。その夫のほうが参加されました。

その夫は、数十人の明るい主婦たちに囲まれて、とても楽しそうにいきいきと参加していました。

中年の主婦たちが多いのですが、その主婦たちからは、「明るくて楽しい人。笑顔が素敵よね」と絶大な人気だったのです。とても暗くて、この人を変えたいと思う人ではありませんでした。

その結果として、あることがわかりました。結局は夫を不機嫌にしたり、イライラさせたりしているのが、夫を明るく楽しくさせたいと思いながら来た主婦本人だったということ。

人のことは考えなくてもよい

私たちは自分以外の人間を明るく楽しい人にしたいと、あれこれ考えがちなのですが、私たちが考えるべきことは、自分がどのように明るく楽しく生きるか、ということにほかなりません。

その主婦は、自分が夫を暗い顔にし、イライラさせていたということに、気がついたようです。

数カ月たって、その主婦だけが参加した合宿がありました。

その主婦が言うには、

「自分がどのように生きるか、ということに徹すればよい。夫がどういう機嫌《きげん》で生きているか、ということについては、考えなくてよかったんだ」

ということに気づいたということでした。

結局、自分が楽しそうじゃないから、夫も楽しそうではない。自分に笑顔がないから、夫にも笑顔がない。状況によって、周りによって、夫はいくらでも明るく楽しくなる人だったのです。

感謝というのは、自分が周りのこと、人、物にいかに感謝ができるかということ。

「どうして、君は……」

「どうして、おまえは……」

と言って、問い詰めることではありません。

自分が実践者として感謝をする。それを使いこなしていくと、宇宙はその使いこなしている人に、味方をするのです。

第5章

大事な「心と体の健康」の話

アトピーが消えた不思議な水の力

私が49歳のときのこと。

髪の毛が半分白かったのです。順調に中年のおじさんになりつつありました。そんなときに、ある人に会いました。講演会後のお茶会に、見知らぬ人が参加していました。見知らぬ人、初対面の人がお茶会に参加すること自体は珍しいことではありません。ですが、妙に親しげなのです。

「初めてお会いするのですよね」と聞きました。

「なにを言ってるんですか。○○家の○○子ですよ」と言うのです。その人は家族ぐるみで、何回も会っている人でした。

「え、そんな顔していましたっけ」と私。

「そうですよね。この顔は初めてですよね」とその人が。

「意味がわかりません。どういうことですか」

「前回まで、ずっとアトピーだったんです。ひどいアトピーで、薬でも温泉治療でも治りませんでした。死にたいと思ったことが何度あったかしれません。でも、つい最近ある人からこう言われたんです。水分を取るときはその水に向かって言いなさい。私の細胞を正常にしてくださってありがとう、と。水は、コーヒーも紅茶もみそ汁も、体に入る水、水という水すべて。ほかの治療を全部やめてこれをやることにしました。そうしたら、2週間で膿《うみ》がとまり、その後、2週間でかさぶたが全部はがれました。つまり、26年間苦しんできたアトピーが、水に話しかけて飲んだだけで治ってしまったんです。

前回までは5㎜のブツブツの間をファンデーションで埋めてから、そこに目や口を描いてましたから、毎回違う顔でした。今日はすっぴんで、これがほんとうの顔です」

すごい話で驚きました。が、それはそれでとても楽しい話です。私もやってみたい、人体実験をしてみたいと思いました。

しかし、そのとき、私には不調なところがありません。

自覚できる「治った」「変わった」と言えるようなところはないだろうか、と探しました。

一つだけありました。髪の毛です。

ありとあらゆる水に「若返らせてくださってありがとう」と言いながら飲みました。1カ月後、髪の毛が真っ黒になりました。以来、私の髪は黒いまま。まったく染めていないのに黒いのです。

三つ目の実例。

完全に100％白髪になっている70歳の人が、この話を聞きました。そして実践。1年間水に向かって「若返らせてくれてありがとう」を言い続けました。1年後、半分以上が黒髪になりました。

私の知り合いの医者に言わせると、高齢になるとメラニン色素が髪の毛の根元に集まらなくなるのだそうです。

たとえ集まったとしても、集まったメラニン色素を髪の毛の中に送り込むのは、膨大《ぼうだい》なエネルギーが必要なのだとか。エネルギーがたくさんある若い人ならともかく、70歳の人が、と驚いていました。

この三つの実例の結果、以下のようなことが推定されるのです。

――水はものすごいエネルギーを秘めているみたいだ。体の中で私たちの望むように働いてくれるみたいだ。命令したりいばったりしてはいけないが、ありがとうや感謝の気持ちが伝わると、よく言うことを聞いてくれるみたいだ――

水は体の中で若返りのガソリンに変わる

水を電気分解すると水素と酸素になります。その水素を燃やす（爆発させる）と、エンジンができます。燃えたあとは水になるので、その水を外に出さずにまた電気分解して水素と酸素に分ければ、またまた燃やせます。つまり、「水エンジン」さえ（理論的には）可能なのです。水エンジンができたら、日本の観光事情はずいぶん変わることでしょう。

「琵琶湖《びわこ》の竹生島《ちくぶじま》あたりの水が燃費がいいんだよね」とか、「いやあ、白山《はくさん》の麓《ふもと》からわいている伏流水《ふくりゅうすい》がけっこう燃費がよかったよ」などという会話が普通になるかもしれません。

「隅田川《すみだがわ》の燃費がいまいちなので、もう少しきれいな水にしないと」というように、環境問題もまったく違うものになるかもしれません。

電気分解したら水素と酸素に分かれる、ということはだれでも知っています。**つまり、「水はエネルギーの塊《かたまり》」なのです。その「エネルギーの塊」が体の中に入っている。**

私たち人間そのものが、すでに「水エンジン」のようなものなのです。使いようによってはすごいことになるのかもしれません。

私たちの体は、70％が水です。ただし、「70％」は20歳の人の場合ですが。

60歳になると水分は60％にへります。80歳の人は53％が水になります。

つまり、「枯れる」。

老化とは、「水分がへる」ことでもあるのです。

老化の始まりが更年期障害《こうねんきしょうがい》。更年期障害の自覚症状の一つが「のどが渇《かわ》かない」こと。つまり、のどが渇かない、その結果、水分を取らないから、体の水分量がへっていきます。

だから、毎日最低2ℓの水を飲む。できれば3ℓ。これにはコーヒーも紅茶もお茶もみそ汁も含みます。水分を取ることで血液もサラサラになります。脳《のう》梗塞《こうそく》、心筋梗塞《しんきんこうそく》の可能性も、ぐんと遠のくのです。

ちなみに、「その水分はビールでもええんかね」と、聞いてきた中年の男性がいました。毎日2ℓか3ℓの水を飲め、それがビールでもいいということになったらすごくうれしいと思ったのでしょう。後ろで、奥さんらしい人が怖い顔で私をにらんでいました。

「ほら、水分をたくさん取れ、と先生も言うとるやないか」というような会話がなされ、「では、聞きに行ってみよう」という話になったのでしょう。

確かにビールも水分ではありますが、毎日2ℓ、3ℓのビールということになったら、体が壊れます。お勧めしません。「2ℓ、3ℓの水分」を「酒やビール」に置き換えないようにしましょう。

さて、水の話に戻ります。

水を飲むたびに水に言い聞かせます。「若返らせてくれてありがとう」。あるいは、「健康にしてくれてありがとう」、「元気にしてくれてありがとう」。水は、「体の中で何をしてほしいのか」という指令を、ずっと待っているみたいなのです。

もしかすると、「黒木瞳《くろきひとみ》さんのような素敵な人にしてくださってありがとう」と水に言い聞かせながら半年もしたら、黒木さんに似てくるのかもしれません。

ただし、まだ実行した人がいないので、効果のほどはわかりません。また、「いくらやっても全然似てこないじゃないのよ」と苦情を言われても困ります。「必ずそうなります」という保証もできません。

ともかく、私たちは体の中に「奇跡的な水エンジン」を持っているのです。

いろいろな実験を楽しんでみてはどうでしょう。

私の右肩にある「幸せボタン」

30年、著述業を続けてきました。

原稿はすべて手書きでした。ワープロやパソコンで原稿を作る、ということはまったくしませんでした。

書いた原稿は、400字詰め原稿用紙にして数万枚になるだろうと思います。

ワープロやパソコンを使わなかったのは、手で書いたほうが速かったからです。ワープロやパソコンの〝変換〟が、けっこうめんどうでした。

その結果、副作用が生じました。肩こりです。30年分の文字書き作業が、私の肩に「肩こり」という産物を生み落としました。

ただ、私にとって幸いなのは、「肩こり」ではあるけれども「つらくない」ということです。

もんでもらうと気持ちがいい。

例えば、本のサインを100冊ほどしたとします。文字書き作業をすると、すぐに肩がこります。サインもその〝作業〟の一つになるらしく、100冊くらいになると肩がこったのがわかります。

そこで、もんでもらうと気持ちがよいのです。

もんでもらわなくても、気分は悪くないのです。肩こりでつらい、というのではありません。確かに肩はこるのですが、そのままでもつらくないのです。

ただ、もんでもらうと気持ちいい。

こっていないほうの左肩をもんでもらっても、気持ちよくありません。

私の右肩は、「ふだんはつらくないが、もんでもらうと気持ちいい」という肩なのです。

「いつまでもいてほしい」と願っているため、治そうとする人が来ても治りません。プロのかたが100人くらいはやってくださったでしょうか。いろいろな器具や道具を使うものもありましたが、どんなものでも治りませんでした。

「治りたくない」と私が思っているのだから、当然と言えば当然でしょう。

皆さんが、その肩こりポイントを「幸せボタン」と呼んできました。

好意で肩をもんでくださったアマチュアのかたは、のべ数千人になっていると思います。「幸せボタン」は、もんでくださるかたがたにも好評でした。

私の**「あー、幸せ」の言葉を聞くと、うれしく楽しくなる**というのです。

なぜかリピーターがつかない指圧師の話

さて、ある日のこと。

講演会の主催者（私の友人）が、駅に迎えに出てくれました。その人の友人という人が、いっしょに来ていました。

いっしょに宿に向かったのですが、その友人の友人さん（仮にAさんとします）いわく、すばらしい指圧の技術を持っているのだが、なかなかお客さんがふえない、どうしてだろう、というのです。

技術的には高い技術を有しているのだそうですが、なぜかリピーター（くり返し来る人）が少なく、新しい人もあまり来ない。

1日に一人という日もあり、だれも来ない日もあるのだそうです。

「高い技術なのに」という言葉に興味を持ち、有料でやっていただくことにしました。

30分3000円、1時間5000円……、くらいの料金だったと思います。

1時間のコースでお願いしました。

さて、その結果。お客さんがふえないのがわかりました。

痛いのです。痛いツボを強く押す。だから、とても痛い。

私の場合、30年分の肩こりは、どんなに強く押されても気持ちいいだけで痛くはないのですが、右肩のポイント以外はものすごく痛いのでした。

「痛いのはやめましょう」と提案しました。

Aさんの答え。

「私の指圧の特徴は、痛いところを探してそこを強めに押すことなんです。そのように師匠から教わりました。師匠はたくさんの人を治してきた名人なんです。私もそれを受けついでやっています」とのこと。

そこで、こんな話をしました。

あるマッサージ師が、ある会社の社長を約1時間マッサージしたそうです。体じゅうにストレスがあって、汗だくになってもみほぐしたそうです。

そろそろ終わり、というところで、社長の携帯電話が鳴りました。社長は横になったまま電話を受けたらしいのですが、電話の内容がめんどうなことだったらしい。

「なにぃ」とひとこと言ったとたんに、せっかく1時間かけてもみほぐし柔らかくなっていた体が、一瞬にしてガチガチの体に戻ったというのです。

「このときほどガックリ来たことはない」とそのかたは言いました。

以来、マッサージもさることながら、**いかにストレスを感じないか、緊張しないか、という〝人格〟の部分を鍛えてもらわなければ、マッサージそのものが瞬間にゼロになってしまう**（体が元に戻ってしまう）ということに気づいたのだそうです。

「本当の名人」は優しくもむ

Aさんの話に戻ります。

Aさんの指圧・マッサージは、とても痛いものでした。痛い、と思った瞬間に、体が緊張しこわばります。せっかくもみほぐした体が、一瞬でまたまたガチガチの体に戻ってしまうのです。

「Aさん。痛い！　と感じさせた瞬間に、自分のマッサージがゼロになり、体が元に戻ってしまいます。もっと力を抜いて、今の10分の1くらいの力で押してみたらどうですか」と言いました。

「治すためにやっているのだから、多少痛くても我慢してもらわないと」

「その方法論は、喜ばれていないと思いますよ」

何回かの意見交換のあと、Aさんはやっと「わかりました。力を入れず、痛くないようにやってみます」と言ったのです。

数カ月後。ニコニコ顔で現れたAさんは、こんなことをレポートしてくれました。今まで、1日3人が限度だったのだそうです。力を入れてやっていたので、毎日がヘトヘトだった。しかし、力を入れず、相手を痛がらせないようにするようになったら、疲れず、1日10人でもできるようになった。

なによりも、来る人がふえた。リピーターがふえ、気持ちいい、心地よい、との評判から新しい人も来てくれるようになった。

痛いところのツボを押してはいるが、痛くない程度にそっと押していた結果、いろいろな症状も改善され、「治す」効果は変わらない。よいことだらけだ。どうして早く気がつかなかったのか。

師匠に教わった「痛くしても治すんだ」との方法論が、どうも違っていたみたいだ……。

ということでした。アルバイトをしていたのが、マッサージだけで生活が成り立つようになったのだそうです。

この話は、プロの（国家資格を有する）マッサージ師の実際例でした。

友人どうし、素人どうしで肩もみをし合う場合、「痛くすること」を選んでいる人も少なくありません。**痛くないこと、気持ちいいこと、心地よいこと。これをモットーにやっていたら、友人の間で「名人」と言われるかもしれません。**

「治す」技術ではなく、気持ちよい、心地よいというのは私たち素人にもできること。だれでもが「肩もみ名人」になれるのかもしれません。

第6章

必要なのは「努力より運やツキ」

不運なロビンソン・クルーソーが名前を変えなかった理由

年間にたくさんの名刺をいただきます。

なかには、読めないものがあります。

著述業で生活してきた人間なので、平均的な漢字読解力がある人より、少しは読める人間かと思うのです。それでも、まったく読めない漢字の名前の人がいます。

まれに、本名で難しい字、という場合もあるのですが、それについてはあとで述べることにしましょう。

まったく読めない漢字の場合、ほとんどが「姓名判断」によるものでした。

「どうも運が悪い」「どうにもツキがない」などの理由で、姓名判断の人に見てもらい、10万円とか20万円とかの金額を払ってつけてもらった、という人が多かったのです。

名刺の名前を、戸籍の名前と変えることで気分が変わり、心機一転やる気になり、新たな世界へ踏み出そう、というような気持ちはわかりますし、理解できます。

しかし、問題はその「新しい名前」が「読めないこと」なのです。

ルビをふっている、ちゃんとローマ字で書き入れているからいいじゃないか、と皆さん主張なさいます。

ルビをふっているから、ローマ字で書いているから、この名前でもいいだろうという話は、「名前」の持つ意味を少し誤解しているかもしれません。

無人島に流れ着いたロビンソン・クルーソーは、「不運」といえば「不運」でした。

「不運の人」と呼んでもいいかもしれません。

ではそこで、彼は名前を変えたでしょうか。

答えは、「変えません」でした。

なぜ？

名前を名乗る相手がいなかったのです。

無人島では、名前を告げる相手がいませんでした。だから「変える」必要はなかったし、「変える」意味はありませんでした。

「名前」は、自分以外の人に「自分を覚えてもらう」ための大事な役割を持つのです。

人間関係の中で、初めて「名前」の価値があります。無人島では、どんな立派なすばらしい名前を持っていても意味がありません。

自分を認識してもらう、自分を覚えてもらうための、とても大事な情報なのですから。

それが、読めない、難しい漢字だとしたら。

その「難しい漢字」の結果、「好運」や「ツキ」を呼び入れるどころか、逆にどんどん敵を作ってきたかもしれません。

少なくとも「好意的な人」をふやしてはこなかったような気がします。

厄年は語呂合わせから始まったもの

こんなすごい人もいました。

名刺に（名前のほうに）二つの漢字が書いてあり、真ん中が空間で空いているのです。

そこに、ローマ字で3音になるものが書いてありました。「○○子」さんと読むらしいのですが、書いてあるのは一つ目の漢字と三つ目の漢字「子」だけです。

真ん中は空間で、なんの文字も書いていないので、読みようがありません。

それを「○○子と読みます」と説明してくれました。それでも、読めません。

真ん中に字がなく、「〇　子」と書いてあるだけなので、読めません。

どんな〝漢字博士〟でも、読めない。

姓名判断の人からそのような名前をいただいた（数十万円で買った）のだそうです。

姓名判断のもとになっているのは、多くの場合「画数《かくすう》」です。その文字の画数が吉《きち》なのか凶《きょう》なのか、ということでしょう。

しかし、**現象をじっと見ていくと、世の中に「幸・不幸」や「吉・凶」という事実はないようだ、との結論になります。**

「そう思う心があるだけ」なのです。

「凶」と思われたことが「吉」の前半分になっている、そういう仕組みです。

女性にとっての厄年《やくどし》は「19」と「33」でした。これは「重苦」と「散々」という言葉の語呂合《ごろあ》わせ。

男の厄年は「死に」至るときなので「42」です。

明治政府が初めて死亡者の年齢を調べたときの統計は、平均が41歳くらいでした。

男は確かに「42」くらいで「死に」至り、女は「19」くらいで結婚する、しない、破談になった、初産で苦しんだ、などということがあったのです。

女の「33」は、平均死亡年齢41歳くらいのときならば、今の66歳くらい。病気もするだろうし、体力も衰えることでしょう。

確かに数字と合致していたので、後世にこの数字（19・33・42）が厄年として伝わることになったのですが、もともとは語呂合わせから始まったものでした。

宇宙的に、数字が持つ「何かの力」があるのかもしれません。

例えば、「3・5・8」という並び数字は、ガソリンの燃費をよくするらしい、というようなことが私たちの周りで確認されています。

けれどもそれは、「よくなるらしい」と思っている私たちのワクワクする気持ちが、ガソリンを変質させているのかもしれません。

ゆえに、吉数、凶数というのも、少しは影響があるのかもしれません。ですが、そのことよりも「反感を買う」ことのほうが、マイナスが大きいように思うのです。

画数が少なく平易な名前が人気者・幸せ者の共通項

読めない漢字を、自分の名前にしない。

名前は、相手に認識してもらい、覚えてもらうために存在するのであって、自分が「どうだ、すごいだろう」と主張をするものではないでしょう。

もし、**読めないような難しい漢字を自分の名前に使っているならば、即刻もとの名前に戻すか、もっと読みやすい漢字にするかを、お勧めします。**

三次元的な、私たちが生きている世界でのことを考えてみましょう。

根強いファン層を持ち、長いこと人気を得た歌手の名前を挙げてみます。

美空《みそら》ひばり、中島《なかじま》みゆき、石川《いしかわ》さゆり、森進一《もりしんいち》、五木《いつき》ひろし、北島三郎《きたじまさぶろう》、浜崎《はまざき》あゆみ……。

映画やドラマで、主役級の役を演じ続けた俳優の名前を挙げてみます。

森繁久彌《もりしげひさや》、森光子《もりみつこ》、渥美清《あつみきよし》、西田敏行《にしだとしゆき》、吉永小百合《よしながさゆり》、松嶋菜々子《まつしまななこ》、仲間由紀恵《なかまゆきえ》……。

「どう読めばよいか、わからない」という人はいないのです。

しかも、「その音でしか読めない」という点も共通しています。

「庶民の支持」は「神の支持」でもあるのかもしれません。このように見ていくと、「読めない名前」「読めない漢字」の人が一人もいないことに気づきます。

「すごい名前」の人はいない。

特に人気商売は重要です。お客さんに反感を持たれるような難読漢字の人で、多くの人の支持をいただいていて人気が持続している人は皆無です。

もし多くの人と溶け合いながら、多くの人の笑顔と支持をいただいて生きていこうと思うなら、読めない漢字の名前にしないほうがいい。

自己主張による難解な名前は、味方を作るよりも多くの敵を作っているのかもしれません。

始めのところで書きましたが、親からもらった名前ですごく読みにくいものは、ひらがなで書いてみてはどうでしょうか。

それと、「沢」と「澤」、「礼」と「禮」のように、新字・旧字が両方存在する文字があります。

もちろん、戸籍は「澤」を使ってきたはずですが、日常生活の中でわざわざ「澤」で宛名を書かせなくてもいいはず。**略字、新字があるならば、ふだんはその新字を使ったほうが親切**と私は思います。

郵便物のたびに多くの画数で宛名を書かせるより、画数の少ない文字（新字）を使うのも、一つの「好運を呼び込むもの」に思えるのです。

「もの」にも心があると知れば人生が楽になる

もうずいぶん前に読んだものですが、ある人がこんな文章を書いていました。

――ある民家の前を通りかかった。その家のおばあちゃんが、縁側で繕《つくろ》い物をしていた。見ると、あちこちに継ぎが当たった足袋《たび》だった。足袋の繕いをしているのだった。もうずいぶんたくさんの継ぎが当たっていて、これ以上はもう使えないだろうと思った。

「いくらなんでも、もう使えないんじゃないですか。お役ごめんにしてあげたらどうですか」と声をかけた。

おばあちゃんはこう答えた。

「確かに私もそう思う。でも、今までとても世話になってきた足袋なので、最後にできた穴もちゃんと継ぎを当ててふさいで、それから引退してもらうことにした」――

継ぎだらけの足袋にまた穴が開いた。もうこれが限界とは思ったが、そのまま捨てることはしなかった。世話になった足袋に、感謝の心をこめて最後の繕いをしていたというのです。

穴が開いた、もう使えない。

私たちはその時点でポイッと捨ててしまいそうです。

でも、このおばあちゃんは違っていました。足袋に対する感謝の念と愛情がありました。足袋にも心がある、足袋にも心が宿っている、と知っていたのかもしれません。

よく似た話です。

あるパイロットがこんなことを書いていました。

「飛行機を動かす前に、飛行機に向かって〝今日も無事飛んでくれてありがとう〟とあいさつしてきた。

無事に飛んでくれたあとにも〝今日も無事飛んでくれてありがとう〟とお礼を言ってきた。パイロットになってから一度も欠かしたことはない。

その結果かどうかはわからないが、私の乗った飛行機は一度も故障したことがない。いつも順調に、快調に飛んでくれた」

というものでした。

言葉こそが生活を支えてくれる何よりも大切な道具

先述したパイロットの話を思い出してください。感謝をしていたら飛行機が一度の故障もないという話。

私は就職したことがありません。学生時代から著述業で生活してきました。

著述業における道具・用具は、なになるのだろう、と考えたことがあります。

ものとしては、原稿用紙とペンだけです。

机とかイスとかもかかわってきますが、著述業だから必要というものは原稿用紙とペンだけ、という結論に至りました。ただし、それは「もの」の話であって、それ以外に必要な道具・用具がないわけではありません。

とても大事な道具・用具としては、私の場合（著述業の場合）は、「言葉」が挙げられます。

「言葉」が、私の生活を成り立たせてくれているものでした。著述業の人間にとっては、「言葉」こそが、生活を支えてくださる道具・用具なのです。それに気づいたあたりから、言葉を、より大事にするようになったと思います。

振り返ってみると、私は「先生（教師）」に恵まれていました。

小学校、中学校、高校、大学と、一度も「おい」とか「おまえ」とか呼ばれたことがありません。大学のときは、「さん」でしたたし、小・中・高すべての先生が「君」でした。

「こばやし君」か「せいかん君」の違いはありましたが、「おい、小林」「おい、せいかん」と呼び捨てにされたことさえもありません。すべての先生が人格者でした。どなったり、怒ったり、高圧的だったり、感情的であったり、というかたはおられませんでした。

現代の学園もの、学校ものをドラマなどで見るとき、ほとんどの教師役の人が、生徒に向かって「おい」「おまえら」という呼び方をしています。

今は、本当の学校現場でも「おい」「おまえら」が使われているのでしょうか。もし使われているとすると、とても怖い話です。

宇宙の大法則は「投げかけたものが返ってくる。投げかけないものは返らない。愛すれば愛される、愛さなければ愛されない。嫌えば嫌われる、嫌わなければ嫌われない」。

だから、**荒っぽい言葉を使っていると、そのとおりの言葉に囲まれることになります。**

私自身は荒れた学校というものを知りません。私自身も穏やかな学校生活でしたし、私の子どもが通った学校も穏やかで、普通の学校生活でした。

たまに、学校の教師をやっているというかたと知り合うことがあります。「おい、おまえ」などと呼んでないですよね、と冗談交じりに伺うと、特に男性教師のかたですが、「おい」「おまえ」と呼んできたというかたが、結構おられるのです。怖い話です。

投げかけたものが返ってくるので、何年かすると自分に返ってきます。乱暴な、荒っぽい言葉に囲まれることになります。

「荒れた学校」のことを聞くことがありますが、もしかすると、その学校には、「おい」「おまえ」という言葉が飛び交ってきたのかもしれません。

神様は偉くなればなるほど腰が低くなる

私は中央大学の精神科学研究会というところで、超常現象や超能力、潜在意識・潜在能力などの研究をしていました。その指導教授が中西旭《なかにしあきら》先生でした。日本神道学会の副会長、国際神道学会の会長をされていたかたです。

大学を卒業したあとも、中西先生をお迎えして研究会の同窓会がよく開かれました。中央大学の精神科学研究会の同窓会なのに、ほかの大学の人たちがテープレコーダーを持参して参加するという、不思議な同窓会でした。

あまりにすごいかたなので、だれも中西先生の向かいに座らず、いつもぽっかり席が空いていました。

なぜか私がその席にいつも座ることになり、たぶんいちばん多く中西先生と話ができた人間だったと思います。

その中西先生は、お会いするたびにこんなことを言ってくださいました。

「小林さん、あなたはお会いするたびに力をつけていらっしゃる。どんどん大きな力を身につけていかれてますね」

私は先生の教え子です。年齢も、親子どころか祖父と孫くらい違います。それこそ、「おい」「おまえなあ」と呼ばれて当然くらいの関係ですが、中西先生は本当に絶対に、いばったり偉そうにすることがないかたでした。

たくさんの話をうかがったのですが、その中の一つ。

「神様は上に行けば行くほど、腰が低くなります。いばったり、偉そうにすることは絶対にありません。ときには人間に対して、土下座さえもします。**ほんとうにすごい神様は、とてもとても腰が低いのです**」

その話を聞いて以来、私は年下の男性に対しても、「さんづけで呼ぼう」と決めました。

女性に対しては、それまでも年齢に関係なく「さん」で呼んでいましたが、年下の男性だけ、「君」で呼んでいました。

中西先生の立場でさえ、私たちを「君」ではお呼びにならない。とてもとても衝撃を受けて、「実践」の一つとして、すべての人を「さん」で呼ぶことにしたのです。

敬語をさりげなく使いこなせる人はかっこいい

結婚して30年になりますが、もともと私は妻に対して「おい」とか、「おまえ」とか呼んだことはありませんでした。

子どもに対しても、呼び捨てにしないようにしてきました。私にとっては、「言葉を大事にする」ということの実践現場でもありました。その結果、夫婦ゲンカも親子ゲンカもなし。

「投げかけたものが返ってくる」というのは本当です。

「私」の言葉の荒さが、周りを荒っぽくしてきたのかもしれません。

「言葉を大事にする」ということの中に、「敬語」というものもあります。

中西先生は「丁寧な言葉」以上に、「美しい言葉」をお使いになるかたでした。

「敬語」の使い方が素敵なのです。年下の教え子に対し、普通に何事もなく敬語を使って接しておられました。

「敬語をさりげなく使いこなせる人は、かっこいい」のです。

私も「さりげなく敬語を使いこなして、かっこいい人になろう」と思いました。

会話の部分で丁寧《ていねい》な言い方をする。そういう日々を続けていると、荒っぽい言葉を浴びせられることがなくなります。

先ほど述べたように、私は著述業だけで生きてきました。

ある編集者からこんなことを言われたことがあります。

「不思議ですよね。正観さんの本だけがよく売れるんです。同じようなものをほかの人が書いていていてもそこそこの売れ行きですが、正観さんだけは、売れる部数が全然違います。どうしてですかねえ」というものでした。

トイレ掃除とか感謝とか、「宇宙を味方にする方法」を私はいくつか手に入れたと思っているのですが、**言葉を大事にし始めると、「言葉の神様」も味方**

になってくれるような気がするのです。

天が微笑んだラッキーな出来事

2009年の4月7日、久しぶりに家に帰りました。数十日ぶりの帰宅でした。8日の朝、南の窓のカーテンを開けました。

数十m先に小学校があるのですが、そこまでの間に建物がありません。小学校の校庭は桜に包まれていました。ちょうど、桜が満開でした。つまり、窓から見えるのは満開の桜だけ、という状況を味わったのです。それだけでとても幸せな気分になれました。

家に帰る日は自分では選べません。2年ほど前にそれぞれの人からここに来てほしい、という要請を受けて日程が組まれたものなので、私の自由にはならないのです。

数十日ぶりの我が家ではありますが、この日（4月8日）に我が家にいるというのは、まさに偶然でした。

ちなみに、8日はもう別のところの講演に出かけ、以後、数十日は家に帰れません。前後何十日にもわたって、4月7日に1泊だけ泊まり、8日の朝だけ、朝の景色が見られるという状況だったのです。しかも、この日が満開というのは予想できません。たまたま帰ったその日が桜の満開の日、でした。ツイていました。**ラッキー、のひとことです。**

天が微笑んだラッキーな出来事 その2
奇跡的なぽかぽか日和

二つ目の話。

桜に先立つ2カ月前、2月14日から1泊2日で大井川鐵道《おおいがわてつどう》SLの旅というのがありました。

参加者は、私を除いて35人。私を含めて36人の旅でした。これも2年前に決まったものですが、主催のかたも宿のかたも、同じ心配をされました。「この時期、寒くないですか」というものです。

確かに、年間でいちばん寒いときです。宿のかたは暖房や布団が不じゅうぶんだったらどうしよう、寒くさせたら申し訳ない、と心配してくださったのでした。

ですが、結果はなんと、2月14日と15日、2日だけとんでもなく暖かくなりました。2日とも25℃を超えたのです。25℃を超えた日は「夏日」、30℃を超えた日は「真夏日」と呼びますが、気象台観測以来、2月の「夏日」は記録的なものだったそうです。

暖かいだけではなく、風もなく、穏やかで心地よい日でした。梅が咲き、民家の家の庭ではほころんでいる桜もありました。寒さの心配をすることなく、私たちは大井川を楽しみ、大井川鐵道（SL＝蒸気機関車）を楽しむことができたのです。不思議なことに、暖かかったのはこの2日だけ。13日も16日も、ふだんの春先の気温に戻りました。

天が微笑んだラッキーな出来事　その3
伊勢神宮の満月

三つ目の話。

毎年6月30日、伊勢神宮《いせじんぐう》の夜間参拝をしています。2007年の6月30日は、梅雨のまっただ中でありながら、快晴でした。

参拝が終わり、橋を渡りながら振り返った人がいます。その人が大きな声をあげました。

「すばらしい満月！」

本当に、すばらしい満月でした。
みんなが喜びました。
雲がまったくなくて、実にきれいなお月様。梅雨時なので、雲がかかってい
て当然です。仮に雲がなくて晴れていたとしても、その日が満月に当たる、と
いうのは本当に恵まれていました。
「6月30日」は毎年決まっていることなので、満月の日を選んだわけではあり
ません。たまたま「満月」なのでした。もちろん、満月であることは知らなか
ったので、そういう叫びになったのです。

天が微笑んだラッキーな出来事　その4
つながらない電話

さらに、四つ目の話です。

20年も前のことですが、なじみの宿を出て1時間ほどたったときでした。いつも尻ポケットに入れている財布がないことに気づきました。

宿に電話を入れました。そんなにはやっている宿ではありません。なのに、電話が何回も話し中。

午後になって、また電話を入れました。今度は呼び出しているのに、全然出ません。結局、次の宿に入るまで、電話が通じませんでした。宿に入って荷物を開けたら、いつも尻ポケットに入っているはずの財布が、荷物の中にありました。

「電話が通じなくてよかった。神様に感謝」と思いました。

もし通じていたら、私は「財布が宿のどこかにあるはず」と主張したにちがいないのです。宿の人は嫌な思いをしたことでしょう。

探してくれたとしても、見つかることはなかった。私の荷物の中なのですから、どんなに探してもなかったのです。あとでわかったにしても、私はとても嫌な思いをさせていたはず。

電話が通じなくて、本当に感謝しました。

この宿には、あとにも先にも、連続して電話が通じなかったことはありません。そのときだけ、奇跡的に「通じなかった」のです。

何十日の中の1日、家に戻った日が桜の満開日でした。

また、1年でいちばん寒いはずの日が、記録的な暖かさだった。

梅雨のさなかの参拝の日が、快晴の満月。

さらに、勘違いの財布捜索依頼が、向こうに伝わらなかった。

こんなことがあるのです。

不思議な偶然を書きとめると人生がより楽しくなる

こうした、**神様に感謝したくなるような「不思議な偶然」が重なったときは、**

それを書きとめておくと、人生がより楽しくなります。

私の場合は40年の間に、約1000個ほどの項目がたまりました。1000個というとすごい数のようですが、1年にしたら25個。12カ月で割ったら1カ月2個くらいです。特にものすごい数というのではないでしょう。

「こんな偶然が起きて楽しい」と思えたら、ノートに書きためていくのです。人に見せるためのものではないので、内容的に「すごい」かどうかは問題外です。

また、細かく書きとめる必要もありません。自分で細かく思い出せればいいので、箇条書きでも、キーワードだけのメモでも、かまわないと思います。

今はやりの100円ショップでも、ノートが100円で買えます。2〜3冊買っておくことをお勧めします。

この現象を、私は「天の微笑《ほほえ》み」と名づけました。

「天が私に微笑んでくれた」という意味です。

神様に好かれていると思える〝天の微笑みノート〟

現象一つひとつに特別な意味があるわけではないのでしょう。

ただ、**それらを何十と並べて見ていると、ある種の感慨がわいてきます。「私は神様に好かれているのかもしれない」というものです。**

元気がないとき、この「天の微笑み」ノートを見てみる。

一つひとつは取るに足らないことかもしれません。ですが、並べたものを見ていると、とても元気になります。

「偶然」がこんなにたくさん一人のもとに集まるだろうか、と思えます。特にすごいことである必要はありません。自分が勝手に「思う」だけですから、どんな「安っぽいこと」でもいいのです。

それらをとにかく書きためておく。月に2個くらいだとしても、1年で24〜25個はたまります。**元気がなくなったとき、落ち込んだときにこの一覧を見れば、強力な味方になってくれます。「自分が神様に愛されている」と思えて、元気になることでしょう。**

人には生まれながらのシナリオがある

江戸時代、水野《みずの》南北《なんぼく》という人がいました。観相家《かんそうか》です。

宝暦《ほうれき》7年（1757年）に生まれ、天保《てんぽう》5年（1834年）、77歳で亡くなりました。江戸時代の、このころは平均寿命が40歳ほどですから、ずいぶん長生きだったといえます。

水野南北は幼少時に両親と死別、大阪のおじ夫婦に引き取られます。

10歳のときにはすでに酒を覚え、その後何年も、酒・ばくち・ケンカに明け暮れる毎日でした。

18歳のとき、おじの金を盗んだりして、牢《ろう》に入ることになりました。それまでに、盗み、脅《おど》し、詐欺《さぎ》まがい、いろいろやったようです。その牢内で、罪を犯す人間とそうでない人間に、人相上の違いがあると気づきました。

人には生まれながらのシナリオがあります。のちにすごい観相家になった水野南北でしたが、観相家としての最初のスタートは牢内だったのです。

食生活が徳となって人相まで変わった

獄を出てから、自分の人相を易者《えきしゃ》に見てもらった水野南北は、「あと1年の命」と言われました。それを避けるには出家のほかはない、と。

知り合いの住職に相談したところ、「1年間、麦と大豆だけの生活をしたら入門を許す」ということだったので、水野南北はそのとおりにしたのだそうです。

1年後、同じ易者は、「死相が消えているだけでなく、立派な相になった」と感心してくれました。

「その食生活が陰徳となって人相まで変えた」と言ったそうです。

本格的に相を学ぼうと旅に出た水野南北は、髪結いに奉公3年、湯屋の奉公人になって3年、墓守になって墓を守ること3年の日々を過ごします。

頭の形、生きているときの体の形と死んだあとの骨の形（骨相）などを研究しました。

ただ、これには異説もあって、作家の神坂次郎《こうさかじろう》氏の『だまってすわれば』（昭和63年刊。新潮社）によれば、荒れていた水野南北が雲水《うんすい》（諸国を行脚《あんぎや》する修行僧）に会い、「このままだと3日で死ぬぞ」と言われたところから始まっています。

「死相がある。たくさんの人の恨《うら》み、憎しみを買ってきたからだろう。このままだと3日で死ぬ」と言われました。

どういう巡り合わせか、3日間大阪の汚れた川の掃除をすることになり、水野南北はそれを続けるのです。

結果、3日後に会った雲水から、「死相が消えた。なにをしたのか」と言われました。観相に興味を持った水野南北はこの雲水に教えを乞《こ》い、人相・手相の要諦を学びます。

その雲水の姓が「水野」だったので、水野を名乗るようになったそうです。

食べ物、飲み物を慎む人は必ず興隆運になる

さて、それほどに観相学に打ち込んだ水野南北でしたが、百発百中というわけではありませんでした。

どうしても、例外がある。

吉相だと思っていても、どんどん衰運になる人がいる。逆に、とても貧相な人で興隆運の人もいる。

悩んだ末、伊勢神宮にこもったのだそうです。

外宮《げぐう》の祭神は「豊受神《とようけのかみ》」ですが、その外宮に詣《もう》でているとき、突然にひらめきがあったといいます。

「人の運は食にあり」というものでした。

豊受神が食の神様というのも、おもしろい符合です。

「持ち金の大小によって食が変わる（ぜいたくをする）人は必ず、衰運になる。食べ物、飲み物を慎む人は必ず興隆運になる。

人を占うのにまずその人の飲食の様子を聞いて、それによって運・不運を判断したところ、万に一つの誤りがないことがわかった。

これを自分の相法の極意と定めた。酒は大好物だが、日に1合と定めた。少食で厳しく定めている人は、たとえ貧乏であっても相応の幸せがあり、長生きして何事もたいてい不自由なく、ひ弱そうに見えても病気をすることがない」
（大見屋刊『水野南北 開運の極意』から）

そこに気づいてからは、「百発百中、当たらざるなし」と言われました。

600人の弟子のほとんどは、職業的観相家でした。さらに、そのほとんどが1000人、2000人の門弟を持っていたといいますから、何万人もの孫弟子もいたわけです。

では、水野南北自身の人相はどうだったのか。

本人が書いています。

「背は低く、顔貌《かおかたち》はせせこましく、口は小さく、眼は険しく落ち込み、印堂《いんどう》は狭く、まゆは薄い。鼻は低く、ほお骨は高く、歯は短く小さい。また、足も小さい」

相学からすると、「貧相」そのものだったようですが、晩年は皇室とのつき合いもあり、屋敷は1町四方（約100m四方）、蔵7棟に及んだといいます。

お墓を大事にしたら幸運が舞い込んだ

２００９年の2月、神戸市北区《こうべしきたく》にある「水野南北の墓」に詣でてきました。お寺の名は、鏑射寺《かぶらいじ》。聖徳太子《しょうとくたいし》が創建されたという古刹《こさつ》で、駐車場の奥に墓があります。もともとあったところがとても荒れていたので、きれいな墓苑に移したもの。道場《どうじょう》（ＪＲ福知山線《ふくちやません》）という駅から１・７㎞ですが、この駅からはタクシーがありません。タクシー利用の場合は、三田駅からになります。この寺自体が、すごい話なのです。明治の廃仏毀釈《はいぶつきしやく》以後、無住寺《むじゅうじ》だったのですが、高野山大学で寮監をされていたかたが、住職として赴任。

水野南北の墓を見つけ、大事にしたところ、道さえもなかった寺に次々に幸運が舞い込み、堂塔伽藍《どうとうがらん》が整うようになりました。

もともとは豊臣秀吉《とよとみひでよし》が詣でたというほどに格の高い寺でしたが、長いこと忘れ去られていました。

私が詣でたときは、いっしょにおいでになったかたが、50人ほど。皆で「水野南北さん、この世に生まれてくれてありがとう。いいことを教え残してくれてありがとう」とお礼を言ってきました。

余分なことかもしれませんが、**神仏や亡くなったかたに要望、要求をぶつけてはいけません**。お礼を言いに行くものであって、「なんとかしろ」と言うのは筋違いです。

私自身は、あまり食にこだわってはきませんでした。ぜいたくな食生活ではなかったと思います。

もちろん、金額の大小によって食が変わるということもありませんでした。当たり前のこととして、普通の生活をしてきましたが、結果的によかったのかもしれません。

食を慎み、自分の使ったトイレは必ずきれいにする、ということを続けていけば興隆運になるようです。「最低、自分の使ったトイレはきれいにする」というのも、金運、興隆運の大法則ですから。

癒《いや》されたという言葉は癒された側が使うべき言葉

私は年に何万人という人たちにお会いします。

その中の何人かの名刺に、「ヒーラー」あるいは「ヒーリング」と書き込んでいる人に出会います。そのたびに、私はこう提案をします。

「この名刺は全部廃棄《はいき》して、新しい名刺をお作りになったほうがいいと思いますよ」

どういうことかというと、「ヒール」「ヒーラー」「ヒーリング」という言葉は、癒《いや》すという意味です。「自分がヒーラーである」、あるいは「私はヒールしてるんだ」と使うべきものではないと思うのです。

癒されたと思った人が、「ヒールされた」「癒された」と使うのは、間違った使い方ではありません。

しかし、「私は癒してあげるのよ」「私は癒すほうの人間なのよ」というふうに使った場合、これは「ヒール」という、本来の意味と全然違う方向性を持ってしまいます。

癒されたという言葉は、癒された側が使うべき言葉であって、癒す側の人間が「私が人を癒してあげるんですよ」と言ったところから、違うものが入り込んでいるように思います。

それは神がいちばん嫌いであるらしい「おごり・高ぶり・うぬぼれ・ごう慢」といった概念です。「私は普通の人より、三段も四段も上のほうにいるのよ」という意思が感じられてしまいます。

地方のある小さな都市でのことでした。6人の女性がお金を出し合ってヒーリングハウスのようなものを作ったそうです。そこで手をかざしたり、みんなで病気の人を囲んで治したりしてあげようということで、ある建物を借りたということでした。

ところが、半年ほどしてだんだんと行く人が少なくなって、今はほとんどだれも行っていないという状態だと聞きました。

何回か行った人の話では、一度行くと二度目、三度目が行きにくくなったのだそうです。

それは、痛みが取れない、だるいところ、重いところが改善されないというとき、6人の人たちから怒られたり、しかられたりするからだそうです。

「どうして改善されないのよ」

「どうして癒されないのよ」

というふうに責められるのだそうです。

実際によくなっていないのだから、しかたがないわけですが、「治っていかないのはおかしいでしょう」と責められたのだそうです。

多くの人がそういう状態であったものですから、毎日だれもお客さんが来なくなり、６人の人は手持ちぶさたの状態だそうです。

すべての絵画はヒーリングアートであり すべての音楽はヒーリングミュージックである

先日も、自分の名刺にヒーリングアートという文字を入れて配っている人に出会いました。

私は苦笑いしながら、「この名刺はすぐに全部廃棄をして、新しい名刺を作ることにしませんか」と提案をしました。「私の絵は人を癒すのよ」というふうに宣言をしているわけです。

日本画の世界では、東山魁夷《ひがしやまかいい》さん、杉山寧《すぎやまやすし》さん、平山郁夫《ひらやまいくお》さんの3人が、それぞれの名前に〝山〟を持っているものですから、〝三山時代〟といわれていました。

この3人の絵は、どの絵を見てもとても癒されます。

また、睡蓮《すいれん》を描いたモネ、明るい人たちの表情と状況を描いたルノアールという人たちが、自らヒーリングアートを名乗っていたわけではありません。

しかし、モネの絵も、ルノアールの絵も、見ていると心が癒されます。

すべての絵画が、すべてヒーリングアートなのかもしれません。

同時に、すべての音楽もヒーリングミュージックなのかもしれません。

すべての彫刻や彫像、形として作られたものは、すべてが人々を癒してくれるものであるはずなのです。

ですから、**自分の絵がヒーリングアートなのだ、自分の絵が人を癒すための絵なのだと言っていること自体、大きな大きな勘違いであり、思い違いをしているる**と言わざるをえません。

ゆえに、この名刺は全部捨てて、明日からヒーリングアートというのは入っていない、普通の絵描きとか、イラストレーターとか、そういう名刺に作り直したほうがいいのではありませんかと提案しました。

「よくわかりました、自分の中によからぬものが入り込んでいたと思います。謙虚さを忘れていたと思います」とそのかたはおっしゃいました。

絵自体は、上手だと思います。ただ、ヒーリングアートと自分で名乗るくらいですから、どうも絵の中にちょっとくさみが感じられました。

「癒してやるぞ」「どうだ、すごいだろ」「私の絵は、普通の人の絵とは違うのよ」という、くさみが感じられたのです。過去の絵はそうでしたが、今日からは絵のタッチが変わると思いますということでした。

私は新しい提案をしました。

「今日から生まれ変わったという、あなたの新しい絵が見てみたいのです。できれば、10日ほど後に、20枚くらいの絵を描いて、私の旅先に送ってもらえないだろうか」と申し上げました。

「わかりました。ぜひ描かせていただきます」ということで、話が終わりました。

ほんとうに癒す人・ものはすべて謙虚である

さて、10日ほどたって、その人から20枚ほどの絵が届きました。ヒーリングアートと本人が思って描いていた絵と、新しく届いた絵はタッチが異なるものでした。

あくまでこれは私の感想ですが、くさみが抜けていて、とても謙虚でとても好意・好感が持てるタッチの絵に変わっていたのです。

絵が届いたその日のこと。20人ほどで、講演会のあとに食事会をしました。そのときに、私はその絵を持っていました。ほかの人々がどんな感想を持つのか、とても興味があったのです。20枚の絵をその人々に見てもらいました。

一応、全員が見終わったところで、

「この絵を見て、好意・好感を持った人はどれくらいいますか」

と聞きました。20人のうち、15人ほどが手をお挙げになりました。

重ねて、質問をしました。

「では、この絵にくさみがあって、どうも好意・好感が持てないと思うかたは、どれほどおられますか」

この2番目の問いに対して手を挙げたかたは、どなたもおられませんでした。

絵が私のところに送られてくるまでの状況については、お話ししていません。なにも事情を説明せず、そのように質問しました。そして、20人のうち15人が好意・好感を持った。

5人の人は、特にプラスでもマイナスでもなかったようですが、だからといって、「感じが悪い」「どうも自分の趣味とは合わない」という感想をもらしたかた、つまり好意・好感が持てないというかたは、一人もいませんでした。

私は、宇宙法則の研究を40年ほどしてきました。その結果、**どうも宇宙には神が存在するらしい**という結論に至っています。

そして、**神が最も好きな概念は、謙虚さ。**

神が最も嫌いな概念は、おごり・高ぶり・うぬぼれ・ごう慢

という結論に到達しました。

心の勉強をするのはよいのです。心の勉強をして、人間が向上していくのは、神が喜んでいるとは思うのです。

しかし、勉強の結果、「自分がすぐれたものである」「他の人よりもずっと上にいるんだ」と思い込むようになってしまうと、そこには大きな罠《わな》があると言わざるをえません。その結果、本人はなにも考えていないのでしょうが、ヒール、ヒーラー、ヒーリングという言葉を、無防備に使ってしまうことがあるわけです。

その人のそばにいると、本当に癒されて安らぐ。そういう人であるならば、ヒーラーとかヒーリングという言葉を使わないと思います。

ヒール、ヒーラー、ヒーリングという言葉を一生涯使わない人、そういう人が、本当に人を癒してくれる立場の人かもしれません。

第7章

神仏も喜ぶ「不思議現象」の話

神社・仏閣の参り方

私の本を出してくださっている「宝来社《ほうらいしゃ》」という出版社があります。その社長夫妻と、宝来社から出した『天才たちの共通項』という本を共著で作った中村さんと、4人で伊勢神宮《いせじんぐう》に詣《もう》でました。

中村さんは岐阜県の人で、前日が岐阜での講演会でした。社長夫妻も岐阜においでになっていたので、1台の車に4人で乗って伊勢まで移動しました。この日は、伊勢市での講演会がありました。

ちなみに、伊勢神宮の正式名称は「神宮」といいます。

ほかにもいろいろ「神宮」がふえてしまったので、「伊勢の神宮」という意味で「伊勢神宮」と呼ぶようになりましたが、本来は「神宮」だけが正式名称でした。

また、「神宮」と「神社」は違うものなので、それについてもひとこと。皇室・皇族関係のかたが、神として祀《まつ》られている場合を「神宮」、人が神として祀られた場合を「神社」といいます。

明治天皇が祀られているので「明治神宮」ですが、乃木希典《のぎまれすけ》大将が祀られた乃木神社は「神社」といいます。

いうまでもないことですが、伊勢神宮に祀られているのは、「天照大神《あまてらすおおみかみ》」で、このかたは日本の皇室の祖先にあたります。

社長夫妻は伊勢神宮が初めてということでした。ちょうどいい流れということで、4人でお参りすることになったのでした。

着いたのはもう午後4時を過ぎていました。平日でもあり、砂利を踏みしめていくときはたくさんの人とすれ違いましたが、拝殿の前に着いたころは、私たち4人だけになっていました。

4人ともが拝殿前の石段に立ち、4人とも無言で1分ほど手を合わせました。

４人ともが石段を降り、拝殿をもう一度振り返ったのです。

そうしたら、拝殿の前に垂れている「帳《とばり》」、本来は「御」の字を加えて「御《み》帳《とばり》」と呼ぶものですが、これが風もないのにふうっと上がっていって、90度の位置に達したのです。

周りの木の枝などもまったく揺れていなかったので、４人が４人とも、不思議な感覚になりました。

90度の位置、つまり完全に御帳の布が強風で上がっているように見えました。そんな状態が1分も続いたのです。ですが、無風でした。

「不思議ですねぇ」と言い合いました。

「なにかお願いをしたのですか」と私は聞きました。

「正観さんの話をいつも聞いているのだから、お願いなどするわけないでしょう。私が言ったのは『ありがとう』だけですよ」

私も含めて、４人が４人とも「ありがとう。ありがとう。ありがとう」と1分間言い続けたのです。

祈りも願いも要求をぶつけることではない

もともと「祈り」とは、「神の意」に「祝詞（のりと）」の「のり」がくっついたもの。「神の意に沿う」「神の意を寿《ことほ》ぐ」「神の意を賞賛する」という意味です。お願いすることではありませんでした。

さらに、「願い」とは、「ねぎらい」から来た言葉。

「ご苦労に感謝します。ありがとう」という意味です。

ということは、**「祈り」も「願い」も、結局は「感謝」「お礼を言う」「ありがとう」ということにほかならない。**

要求をぶつけることではありませんでした。

拝殿の前にいるすべての人（このときは4人）が、だれもお願いごとをせず、お礼だけを言った、というのは、天照大神さんにとっても初めてのことだったかもしれません。

それで少し驚いて、さらに喜んで、御帳が上がってしまったのかもしれません。御帳は下のほうが数枚に分かれていますが、このときはまったくひらひらせず、まるで鉄板がそのまま電動で上がっていくかのようでした。

多くの神は感謝に反応を示す

その日の夜、このことを講演会でお話ししました。そうしたら、こんなことを教えてくれたかたがいます。

「霊的能力がある人が御帳の前に立つと、風がないのに御帳が上がることが多い。ダライラマ法王がおいでになったときも、風がないのに御帳が上がった」

というのです。

私たちは霊的能力があるわけではないのですが、霊的能力があるかたが来たときと「ありがとう」を言ったときとの共通項はなんだろう、と考えたとき、出てきた答えは「天照大神さんが喜んでおられるのかもしれない」ということでした。

推測するに、天照大神さんは、「感謝」に大きな反応を示されたのかもしれないのです。

「祈り」と「願い」の件を合わせると、多くの神は、「感謝」に対して反応を示されるように思います。

要求、要望に対しては反応されないのではないか、との推定に至りました。

そのような推定のもとで、神社・仏閣にお願いばかりをしている人と、神社・仏閣にお礼だけを言いに行く人とを、数年間観察を続けてきました。

結論。

神社・仏閣はお願いをするところ、と思い込んでまったくお礼を言わない人

は、けっこう人生が大変なように見えるのです。

逆に、**神社・仏閣はお礼を言うところ、感謝をしに行くところ、ありがとうを言いに行くところ、と決めているような人は、なぜかとても楽に人生が流れていく**ように見えます。

よく考えてみましょう。

要求や要望とは、今、自分が置かれている状況が気に入らない、嫌だ、と言っていることかもしれません。

例えば、こんなことがありました。

ある人は、夫も子どももいい人、いい子だが、店を10年もやっているが売上げが上がらない。それだけはどうにも気に入らない、どうすれば売上げを上げられるか、と聞いてきました。

「夫もいい人なんですね」

「そうです」

「子どももいい子なんですね」

「そうです」

「10年やってこられたということは、いいお客さんもついてくださっていると
いうことですね」

「そうです」

「ではうかがいますが、その一人ひとりに手を合わせて感謝したことがありますか」

「えっ」

そのかたは絶句しました。

ずいぶん恵まれているのに、わざわざ気に入らないところを探しては文句を言っている。

「神様は悲しい思いをしているでしょうね」

と申し上げました。

神社・仏閣は、要求・要望をするところではなく、お礼を言いに行くところなのです。

神様にお礼を言い続ける「ありがとう詣《もう》で」

先に、伊勢神宮のお参りの話をしました。

毎年6月30日に、私たちの仲間は伊勢神宮に集まって「ありがとう詣で」をしています。ありがとう詣でというのは、お願いごと、要求ごとを一切しない、ただ、伊勢神宮の天照大神に向かって、「ありがとうございます。そして、ありがとう」と感謝だけを伝えるという集まりです。

もともとは、こういう発想でした。

初詣《はつもうで》で、あれを今年1年お願いします、これを1年お願いしますというふうに要求する人、お願いごとをする人が多いのですが、私たちは、神、仏との関係がどうもそうではないようだという認識に至っています。

ですから、1月に初詣という形で、今年もこれをお願いします、よろしくお願いしますというのではなくて、12月31日に、1年間よくしてくださってありがとうございましたという意味で、ありがとう参り、ありがとう詣でというのをしたほうがいいのではないかという話になったのです。

12月31日に実際にお礼参りをしている人がいるということで、12月31日に集まろうかという話にもなりました。

しかし、私は一人だけ反対意見を言いました。

「12月31日は困る」

多くの人から聞かれました。

「どうしてですか?」

「紅白歌合戦を見たいのですか?」

「いえ、そうではなくて、寒いからです。脂肪がないので、やせているので冬は寒いのです」

そのうえで、こう提案をしました。360日の半分、180日、その真ん中のところで前半半分、後半半分に対して、ありがとうを言うという意味で、真ん中でやるのはどうだろうかと。

特に年末でなければいけないという事情もないので、皆さんが私の提案を受け入れてくださって、１８０日、つまり、真ん中である6月30日にやることに賛成してくださいました。そして、６月30日に、毎年ありがとう参り、ありがとう詣でをすることになったのです。

このときは、北は北海道から南は沖縄まで、毎年６００人ほどの人が集まります。

私も講演をし、伊勢神宮のかたもお話をしてくださったりもするのですが、参加者の何よりの楽しみは、日本全国から集まってきた顔なじみの人たち。皆さんそれぞれの宿で、朝5時とか6時とか、遅い人たちは7時とか8時とかまでしゃべっているそうです。明け方を迎えたのがわからないほど楽しく、親しく皆でおしゃべりをしているということでした。

ちなみに私は体力がないので、早い段階で寝てしまいます。

天照大神《あまてらすおおみかみ》が感謝の念に最も大きな反応を示してくれる

私は何百という神社にお参りをし、ありがとうをずっと伝えてきました。

その神社、神宮の中で、**ありがとうという感謝の言葉、感謝の念に一番大きな反応を示してくださるかたが、どうも天照大神さんのような気がしています。**

拝殿《はいでん》の御帳に向かって手を合わせて、「ありがとうございます、ありがとうございます」を3分ほど唱えていると、私たちの場合は、多くの場合、この御帳が90度ぐらい、風もないのに上がって、ずっと向こう側が見えたりもします。

このように、非常に大きな反応を示してくださるので、とても因果関係がわかりやすいように思います。６００人がそういう現象を見ているので、多くの人がまた来年も、その次の年もという形で続けてきていますが、そういうことも

「ありがとう詣で」が続く理由のようです。

2009年の7月1日、これは6月30日の翌日になりますが、私たちは600人のうちの泊まった人350人で、午前中の正式参拝をしました。これは正装をし、皆でお神楽《かぐら》を拝見し、そして正式な敷地内に入って、柏手《かしわで》を打つものです。

350人が1箇所には入れないということで、二つの班に分かれました。Aグループが柏手を打とうとした瞬間に、御帳が90度上がりました。もう一つの待機していたグループがワーッと歓声を上げました。

今度は、二つ目のグループが柏手を打とうとしたとき、こちらもまた、御帳が90度上がりました。すでに参拝を終えていた第1のグループの人たちが、「ワー！」と歓声を上げました。ほかの参拝客のかたがたは、このグループがなぜ、いちいちワーッと言っているのかはわからなかったかもしれません。私たちはお参りをするたびに御帳が反応してくださるので、それだけでとても楽しく幸せなときを過ごすことができました。

一人ひとりが小さな天照《あまてらす》になることを天照さんも望んでいる

その、第1グループと第2グループとの間で、数分間、入れ替わりの時間がありました。御神域《ごしんいき》の中で、私と神宮の神官とが残りました。そこでこんな会話がなされたのです。

「大変申し訳ないのですが、私たちのグループは天照さんにひれ伏そうという、ひれ伏して信奉して、あなたの仰せに従いますという、そういう方向性をもったグループではありません。**天照さんが私たちにいちばん望んでいることは、自分に向かってひれ伏すことではなく、一人ひとりが小さな天照になること、『プチ天照』になること**ではないのかと」

そのように申し上げました。

すると、神宮の神官のかたがこうおっしゃいました。

「正観さんのグループは、そこまでわかっているのですか」と。

このひとことは、私たちに勇気をくださいました。その方向でいいんだ、そういう考え方で間違ってないみたいだというひとことをくださったように、私には思えたのです。

「天照らす、あまねく照らす、大いなる神」天照大神。

このかたは、**富める者も貧しき者も、若き者も老いた者も、健やかなる者も病める者も、すべて分け隔てなく、全部すべての人に対して、同じように太陽を、陽《ひ》の光を降り注いでくださいます。**ですから、あまねく照らすということで、天照ということになっているわけです。

これは、仏教でいう大日如来《だいにちにょらい》でもあり、これを別の言葉で言い直すと、遍《へん》照金剛《じょうこんごう》でもあります。

空海《くうかい》さんの呼び名は、恵果阿闍利《けいかあじゃり》から「遍照金剛とお名乗りなさい」と言われたので、空海さんは遍照金剛と名乗るようになっていたのですが、この遍照金剛とは、大日如来であり、大日如来は世界中をあまねく照らすという意味です。天照さんにとてても近い存在、あるいは同じ存在だったのかもしれません。

私たち一人ひとりが「プチ天照」になることを天照さんが望んでいるのではないだろうかと私が申し上げたとき、御帳がまた、90度上がりました。

そして、1分ほど、その状態で静止していました。それを見た私たちのグループは、また大きな歓声を上げました。

そのような現象をいくつか積み重ねてゆくと、どうも、天照さんは、私たちの考え方、つまり、一人ひとりがプチ天照になる、そちらのほうが天照さんは喜ばしいみたいだという考え方に賛同してくださっているように思います。

なぜ、私の前にひれ伏さないのかというような言い方ではなく、プチ天照に一人ひとりがなることがいいことらしいという話に対して、とても好意的、肯定的反応を示してくださっているように思います。

一人ひとりが太陽のような明るくて温かい存在になること。

これが日本で一番格の高い神社、伊勢神宮にいらっしゃる、日本で一番格の

高い神様、天照さんが望んでいることではないだろうかと思うのです。

私たちは皆超能力者

世の中に、超能力と呼ばれるものがあります。例えば、念の力で物を動かす。これを念動力、あるいは念力《ねんりき》。英語で言うとサイコキネシスといいます。もう一つのものは、予知能力です。

未来や過去を見通す力というのを、神通力《じんずうりき》とも呼びますが、釈迦《しやか》の二番弟子である目連《もくれん》は、神通力がとても優れていたそうで、神通力第一尊者という呼び名ももらっていました。過去や未来を見通す力というものが予知能力として存在したようです。

そういう力を持っている人を、私たちは超能力者と呼んできましたが、**実は**

私たちは、すべての人が超能力者であるとも言えるのです。

目の前の人の過去も未来も見通すことができる

どういうことかと思うかもしれません。

ですが、私たちは目の前の人物をじっと見ているだけで、その人の過去を読み取ることができる。そして、同じ人をじっと見つめているだけで、その人の未来を見通すこともできるからです。

今、ある人がある状況に囲まれているとします。その状況は、その人が過去に自らが投げかけ、自らが積み上げてきたものの集積です。

もし、今、不機嫌《ふきげん》な人に囲まれているのであれば、それは本人が不機嫌を投げかけてきたからでしょう。

今、その人が笑顔に囲まれているのであれば、過去に多くの笑顔を投げかけてきたからでしょう。自分が過去に投げかけてきたものの集積として、その人は現在、それに囲まれているのです。

ですから、明るい笑顔を投げかけてきた人は、その数十年の結果として現在、明るい笑顔に囲まれています。過去数十年、不機嫌を投げかけてきた人は、その集積として今、不機嫌に囲まれているのです。

今のその人を見ていれば、その人の過去の集積がわかります。過去、どのような生き方を続けてきたのかが読み取れるというわけです。

過去の集積として現在があり
現在の集積として未来がある

同じように、未来を考えてみます。

今、その人が周りの人に笑顔をたくさん投げかけている、約束を守り、正直に生き、年齢や性別に関係なく公平平等、すべての人にやさしく、すべての人に対して思いやりを持って接しているとします。

その人がそういう生き方を今のままずっと続けていたならば、5年先、10年先にこの人がどのような生き方をしているかが想像できます。そのように生きている人は、そのような状況に必ず囲まれているのです。

逆に、用事が入っちゃったと言いながら、約束をどんどん破るような人。

相手によってそのときどきの態度が変わる人。

状況によって言ってることが違う人。

そういうことを何度もくり返していく人。

そんな人には、そのような状況やそのような未来が待っていると思います。

過去の集積として、現在がある。ゆえに現在のその人を見ていれば、過去、どのような生き方をしてきたのかが読み取れます。

同様に、現在のその人を見ていれば、未来、どのような状況になるかという

のも読み取れます。これは、因果の法則。

このことがわかると、私たちは、全員、超能力者であり、ほかの人の過去を読み取ることができ、未来を読み取ることができるというわけです。

過去を悔やむ必要はまったくない

では、ほかの人を見つめていて、そういうことが読み取れるのであれば、以下のような方程式、法則も組み立てることができます。

つまり、今日、ただいま、この瞬間から、未来的に笑顔に囲まれるような日々を送っていくとします。

すべての人に公平平等、すべての人に穏やかに優しく温かく思いやりを持って、できる限りのことをし、常に喜ばれるような方向づけをし、約束を守り、というようなことをずっと何年も何年もくり返していくこと、積み重ねていくことで、私たちは自分の未来を想像することができます。

しかも、自分の未来に関しては、想像することだけではなくて、未来を作り上げることまでができます。今、そのように生きていくことで、自分の未来を作っていくことができるのです。

今日、もし、自分がツイていない、あまりいろんなことに恵まれていないと思う人がいたなら、それはもしかしたら、過去、投げかけたものの集積かもしれません。

昨日まで、今日まで、何を投げかけ、どのような人生だったかについてわかったら、あとは、人生が難しいものではなくなるでしょう。

現在は過去の積み重ねなのですが、過去、そのように生きてこなかった人も、それを悔やむ必要はありません。

未来は作り替えることができるからです（とは言っても、作り替えること自体が生まれる前から決まっていたことですが）。

昨日まで不機嫌に生きてきた人は、今日から笑顔の多い人になる。

穏やかに、にこやかに、周りの人から喜ばれるような生き方をしてゆく。

そういうことを積み重ねていくことで、5年後、10年後の私自身の生活を作り上げることができるでしょう。

耳の痛い話の中に人生を変えるヒントがある

実際、こんなことがありました。

多くの人といっしょに泊まり合う合宿というのが私の活動の中にあるのですが、つい最近、たばこを吸う人がその合宿の参加者に入っていました。

基本的に合宿や講演会は禁煙ということでやっていたのですが、たまたま、その人はたばこを吸う人で、我々もそれを事前にチェックすることができませんでした。

その人が、お茶会でこんなことを言いました。

「たくさんの人に次から次へと裏切られる。信頼していた人に客をごっそり持っていかれた。あるいは、同じ業界の人から『あんたはもうこの業界をやめたほうがいい』と責められている。つい、数日前もそのように説得をされた。どうしてこんなに嫌なことばかり、次々に起きるんだ」

というようにお話をされました。

私はそこで苦笑いをしながら、

「大変耳の痛い話かもしれないけれども、それは多分、今までいろいろと過去に投げかけてきたものの集積として、今、そういうことが起きているのではないか」

とお答えしました。そして、

「起こってしまったことをどうやってひっくり返すか、自分の思い通りにするかという発想ではなくて、同じことが今後もずっと起き続けないように、今日

からの生き方を変えたほうがいいと思う」

という話をしました。

そのかたは、その話が気に入らなかったようです。

たまたまほかの幹事の人が、そのかたがたばこを吸っていることに気がついて、「この合宿は禁煙なのです。合宿中はたばこを吸わないでおいてください」とお願いをしたそうです。そうしたら、その人の答えはこういうものでした。

「この合宿とたばことで言うと、たばこのほうがずっと好きなので、合宿のほうに参加するのをやめます」

そういうふうに言ったそうです。そして、2泊の予定を1泊で切り上げて、途中でお帰りになりました。非常に戦闘的で攻撃的なものの考え方をする人だったようです。

禁煙と書いておかなかった、それを徹底しなかった私たちのほうにも落ち度があります。しかし、たばこを2日間だけ遠慮してくださいと言われたときに、「わかりました」と笑顔で応《こた》えてくれるような人だったら、いろいろなことが、いろいろな事件が起きなかったのではないでしょうか。そんな気がします。

そのように、何か一つ言われるたびに戦闘的、攻撃的になって、そんなことは聞き入れられないんだというふうな反応をしてきたがゆえに、結局、多くの人が敵に回ってしまった、そのような生き方になっていたということだという気がするのです。

この世に地獄は存在しない

よく、日常的な言葉として「地獄に落ちる」というようなことが使われます。地獄に落ちるとか、地獄に行くぞとかいう言葉が、現在も使われています。

しかし、こういう世界を勉強してきて、研究してきて、地獄という世界がないことがわかりました。**この世に地獄はないようです。**

私たちの体には、魂《たましい》という名のエネルギーが入っています。もし、魂という名のエネルギーが入っていないとすると、私たちの体は単なる物体として、腐ってゆき、土に戻ります。

ところが、命というエネルギーが、魂という名のエネルギーが入っている間は、なぜか、腐ってもいかず、土にも戻りません。

外から見ていて魂が入っているか入っていないかというのはわかりにくいのですが、とりあえず、歩いていたり笑っていたり、食べたりという状態は、魂が入っています。

人は死んだらどうなるの？

魂が肉体を離れたとき、これを三次元的には「死んだ」と言います。

しかし、**魂は肉体を離れるものの、別の世界に移り住んでいるだけ**で、また、２００年、３００年ほどして別の肉体をいただいて、三次元の世界に戻ってきます。これを生まれ変わり、あるいは輪廻《りんね》転生《てんしょう》と言います。

生まれ変わりの回数によって、魂はどんどん進化をしていきます。人間が修行をし、いろんな体験をし、それを笑顔で乗り越えて、不平不満、愚痴《ぐち》、泣き言、悪口、文句を言わず、すべての現象を笑顔で乗り越えていくということが魂の進化ということです。

そして、その進化は常に肉体とともにあります。肉体の経験を通して、初めて魂は進化するのです。

肉体を離れて魂だけのとき、つまり、肉体を持っていないときは、魂は進化することができません。

肉体を通して、例えば病気、例えば事故、例えば空腹、例えば足を折ったなど、そういうもろもろの現象について、とやかく、つべこべ言わなくなるということが魂の進化であるらしいのです。

魂だけのときは、おなかも空きません。病気もしません。事故にも遭《あ》いません。車にぶつかっても、車は魂の中を通り過ぎるだけで、けがをしたりもしません。眠くもなりませんし、おふろに入らないと体が汚れるということもありません。トイレに行くこともありません。食べ過ぎて体が太ってしまったということも、魂だけの状態では起きないのです。

人間が成長・進化をするのは肉体を持っているときだけ

人間が成長し、進化をするのは、肉体を持っているときだけです。

それがわかってしまうと、実はそこの関係から地獄というものが存在しないことに気がつきます。

簡単に整理をしていきます。まず、針山《はりやま》地獄、焦熱《しょうねつ》地獄、炎熱《えんねつ》地獄、そういうものを想定してみます。

針の山が痛いと思うのは、実は、肉体があっての話です。針の山は、魂だけにとっては痛くありません。焦熱地獄、炎熱地獄も同じです。熱いと思うのは肉体があっての話であって、肉体を離れた魂には、熱くもつらくもないので、魂の状態に対しては地獄は存在しません。痛さも熱さも感じないのです。

ですから、**魂だけの状態にとって、地獄というものは存在しません。**

あの世を見ていない人には地獄はわからない

逆に、この「地獄」というものを想定した人は、どういう人だったのだろうか、どういう状態だったのだろうかと考えてみます。

そうすると、簡単に結論が出てきます。肉体を持っている人が、地獄が存在すると想像した。なぜならば、体があるから痛い、体があるから熱い、その体をもった状態で向こうへ行くと、それがつらいということで、地獄というものが想定されました。

しかし、実際は、死んだあとは魂だけの状態になります。魂だけの状態では、痛くありません、熱さも感じません。

ゆえに、この地獄を想定した人は、肉体がある状態でそれを想像したという結論になるのです。ゆえに、この地獄を想定した人は、魂だけになったことがないということがわかります。つまり、あの世を見てきてはいないのです。

あの世を見てきていないということがわかったら、そこに地獄があるかどうかということすら論じる資格がないことに気がつきます。痛みや熱さが地獄なんだというふうに想定をした人、地獄があるんだと言った人は、肉体があることを前提にして考えたのでしょう。

死後の状態、イコール、肉体がない状態、肉体から離れた状態では、地獄が地獄として存在し得ないということがわかります。物理的な地獄というものは存在しないのです。

精神的な地獄からはすぐに抜け出せる

しかし、物理的な地獄は存在しませんが、精神的な地獄は存在するように思います。それは、孤独地獄。

これは、死後の世界だけではなく、肉体を持っている私たちの、三次元の世界でも起きることです。

友人がいない、話す相手がいない、電話する相手もいない、手紙を書く相手もいない、というような、孤独であることの地獄。これは次元を問わず、魂にとってはつらいことでしょう。

私たちは、一人で生きているときは人、人の間で生きているときに初めて人

間になります。ですから、人間として生きることは、人の間で生きることが根本・根源になります。

そして、**人間としての最大の喜びは、自分の存在が喜ばれている、喜ばれるように生きるということ**なのです。

自分から投げかけるものがないと返ってきません。自分が温かいものや優しいものを投げかけなければ、自分がそういうものに囲まれることはないでしょう。ですから、孤独地獄というのも、全部自分が投げかけて作っているものということがわかります。

孤独地獄からは、すぐに抜け出すことができます。喜ばれるようにやっていく、少しでも周りの人に喜ばれるような役割でやっていく。いちばん簡単なのは、頼まれごとです。頼まれごとをどんどんやっていくと、周りの人がどんどん仲間になり、味方になってくれるでしょう。

優しさ、思いやり、お金はすべて「エネルギー」

物を動かしたり、人を動かしたり、やる気にさせたりするものをエネルギーと言います。

優しさや温かさや思いやりというのもエネルギーになります。人が動くための力になります。お金というものもエネルギーの一つです。物を動かしたり、人を動かしたりする力の一つです。

そのエネルギーの、形、形状というものを考えてみます。

水があります。コップの中に水が入っています。この水を、池にじゃぶじゃぶと注ぎ込んだとします。

先ほどまでは、池の水とコップの水は、コップという形で仕切られていました。ですから、コップの水は1とか2とか3とかというふうに数えることができましたが、池に入っている水というのは、池の水とコップの水がつながっています。コップの水と池の水の境界線に線が引かれているわけではありません。同じものが触れ合った瞬間にすべてが解け合い、コップの水と池の水との境界線はどこにもありません。

同じように、手にたいまつを持っていると仮定します。

山火事があって、すぐそばまで行ったとします。その山火事の炎に対して、たいまつの炎を差し出すと、差し伸べたときに、そのたいまつの炎は山火事の炎とまったく一体化して、燃え始めます。たいまつの火と火事の炎は溶け合い、同じ炎として燃えます。どこまでがたいまつの火で、どこまでが山火事の火というふうには分けられません。

つまり、エネルギー体というのは、線が引けないし、区別ができないし、数えることのできないものということが言えそうです。

私たちの生命や魂もエネルギー

私たちの生命、魂と呼んでもいいのですが、この、生命というのは、やはりエネルギーです。

このエネルギーが入り込んでいる間は、私たちの体は動いたり運動したり、移動したりができますが、エネルギーが抜けてしまうと、その物体は動かなくなり、数日たち、数十日たちすると、土に還《かえ》ります。そのように、エネルギーが目に見えないものとして体の中に入り込んでいます。

この生命体、イコール、魂というものは、私たちを動かしているエネルギーです。エネルギー体です。

このエネルギー（魂）が、コップの中の水、あるいは手に持ったたいまつの炎だと思ってください。

私たちが、私であること、コップの中の一つの存在であること、たいまつの火であることを意識すればするほど、池の水や山火事の炎とは遠いところにいることになります。

私たちがコップを意識しない水になること、たいまつの火でない炎であることを意識すること。つまり、分けているものがないんだということに気がつくことで、私たちは池の水の一部になり、山火事の炎になることができます。

池の水というのはたとえで使いましたが、宇宙の根源のエネルギーというふうに置き換えることができるでしょう。山火事の炎は、宇宙の根源のエネルギーということに置き換えることができるのではないかと思います。

私たちは、自我という名のコップ、私という名のたいまつの中で、なんとかエネルギーを使っているわけですが、その小さなエネルギーは、実は自分が囲い込んでいるがゆえに、小さなものであり続けているのかもしれません。

自我のコップをなくせば魂は宇宙のエネルギーとつながる

自分のコップをなくしてしまうこと、つまり、自我がなくなること。

宇宙を批判したり文句を言ったり、愚痴や泣き言、要求ごとを宇宙に突きつけるのではなくて、私が生きていることは宇宙の意思なのだと思い定めること。

それによって、コップの水は池の水に流れ込み、私の意識、私の魂はイコール池の水全部の意識になっていくように思います。

私の小さなたいまつの灯《ともしび》は、山火事のような実は大きなものであるのかもしれません。それを私という自我が、私のたいまつに限っているがゆえに、限定しているがゆえに、大きなエネルギーが手に入らないのかもしれません。

私。自我。自我というのは、基本的に、好きだ嫌いだで物をより分けることを言います。この好きだ嫌いだを一切やめてしまって、そのような流れが来たら、「はい。わかりました」「受け入れます」と言ってやっていく。

自我が少なくなればなるほど、どうも、私たちの魂は本体の池に戻り、私たちの魂は本体の山火事に近づくようなのです。そういうふうに大きなエネルギーを手に入れたほうが、人生は多分、楽しいのでしょう。

大きなエネルギーは、イコール、宇宙のエネルギーとつながっています。つながっているという表現よりは、エネルギー自体が私である。私がそのエネルギーの一部であると言えます。

大きなものを手に入れるのではなく自分が大きくなる

「私」を小さくしているもの、私を限定的にしているものは、コップであり、あるいはたいまつです。「私」が好き嫌いを言って、それを振り回せば振り回すほど、コップは厚みを帯びてくるわけです。そして、なかなか池の水と混ざり合うことがありません。

池の水になってしまえば、つまり、「私」というコップがなくなれば、「私」、体の中に入っている魂は、宇宙の生命エネルギーと同化をし、本体に戻るような気がします。そうすると、とても大きなものを手に入れることができます。大きなものが手に入るという表現よりは、大きなものそのものに自分がなるということになるでしょうか。

人間がこの世に生まれてきたのは、すべて、何かの役割があって、何かをするために、社会に参加するために、人の間で生きるために生まれてきたらしいのですが、逆に言うと、それを考える必要はないように思います。

自分がやるはめになったことを、つべこべ言わず、あれこれ言わず、評価論評せず、好きだ嫌いだを言わずに行う。

今言った「好き嫌い」や「不平不満」といったことは、自我という名のコップに相当します。そういうものを0《ゼロ》にすればするほど、池の水が手に入り、大きな湖の水が手に入り、ひいては、海の水が全部自分のものになる、自分が海の水と同化するということになります。

大きなものを手に入れるというよりは、自分が大きくなるということにほかなりません。

多くのものを手に入れようとして、自分が大きくなるぞ、成功者になるぞというふうに考えている間は、自我の塊なので、湖も海も味方をしないのです。

お任せが多ければ楽しい人生になる

自分がなくなる、私がこの世に何かをやるはめを持っている、役割を持って生まれて来たらしいということだけを認識したら、あとはやるはめになったことを、つべこべ言わずに、淡々とやる。そうすると、宇宙そのものが私。私は宇宙の一部であって、私の意思が宇宙の意思、宇宙の意思が私の体を動かしているという方程式になります。

この状態を認識しながら生きることはとても楽しいことのように思います。

自我＋おまかせ＝１００。自我のほうに優先権があります。

自我が90％の人は、お任せが10％だけ入り込みます。

自我が20％の人は、お任せが80％入り込みます。

自我が０になった人には、お任せが１００％入り込みます。

お任せが１００％になった人生というのは、自我がたくさんあるときよりもはるかに面白くて楽しい人生です。

自我を０にしてみて、お任せがたくさん流入してくるということをぜひ味わって楽しんでみてください。人生が何倍も面白くなることうけあいです。

「足りないものを手に入れる」幸せ論

日本の社会全体を覆《おお》っている、「幸せ論」というものがあります。

これは小学校、中学校、高校、大学、さらには会社、さらには社会全体、さらにはどこの家庭も同じように考えている幸せ論です。

社会全体で述べられている幸せとは、学校教育で行っている幸せ論とイコールです。

どういう幸せ論かというと、足りないものをリストアップして、その足りないものを手に入れたときは幸せだと思ってよい。しかし、手に入らないうちは、ずーっと不幸なのだという幸せ論です。

リストアップした10個を、手に入れ終わったとしましょう。

そうすると、この幸せ論は、また次に、同じメカニズムで人に同じ要求をするのです。

「さらに足りないものを10個挙げなさい。そして、その10個を手に入れなければ、幸せではないのです。それが手に入らないうちは、ずーっと不幸だと思いなさい」

こういう仕組みが、今までの社会全体を覆っている幸せ論でした。

リストアップした、手に入っていない10個のものを手に入れるためには、人の5倍も10倍も20倍も30倍も努力すること、がんばること。そして、がんばって手に入れたら、それはよいことであり、幸せを手に入れたと思ってよい。というふうに考えさせられている、洗脳されているのが、今の幸せの仕組みです。

「すでにあるものを幸せに思う」幸せ論

この幸せ論が、正しいとか間違っているとか論ずるつもりはないのです。

ただ、この幸せ論だけで、幸せというものが理解できるかというと、そうではないと思います。実は、幸せ論にはもう一つの考え方、もう一つの仕組みがあるように私は思いました。

足りないものを10個挙げ連ねて、それが手に入らない間は不幸である。この考え方も否定はしません。

しかし、よく考えてみましょう。足りないものを10個挙げ連ねているエネルギーを、すでにいただいている990個のものを1個ずつずーっと挙げていく。こちらのほうにエネルギーを変換したとします。

そうすると、すでに自分が恵まれていると思われるものが、ものすごくたくさんあることに気がつきます。

そして、同じエネルギーを使ってものを探すにしても、**手に入っていないものを探すより、手に入っている、恵まれていると思われるものを挙げていくほうがはるかに楽しくて、幸せである**ことに気がつきます。

こちらのほうの幸せ論も、もう一つあることに私は気づきました。

すでに手に入って恵まれているもの。例えば、目が見えること。

これはあたりまえではありません。世の中には、目が見えない人がたくさんいます。目が見えることはあたりまえのことではなく、ものすごくありがたいことなのです。ただそれに気がついていないので、目が見える人は、目が見えることに感謝をほとんどしません。

耳が聞こえることはあたりまえではないのです。

ですが、耳が聞こえることがあたりまえだと思っている人は、耳が聞こえることに感謝をしません。耳が聞こえない人は、世の中にたくさんいるのですが、聞こえている人ほど、聞こえることに感謝をしないのです。

これが、日本の社会全体を覆っている幸せ論です。

幸せを手に入れようとする努力はいらない

足りないものを挙げ連ねること。そして、それを手に入れることが幸せなんだ、という幸せ論がすみずみまで行きわたっていました。

すでに手に入っているものを幸せだと思う、そういう提案というのはどこもなされていないのです。

例えば、宅配便の人が今日物を届けてくれた、これも幸せの一つです。郵便局の人が手紙を届けてくれた、これも幸せの一つです。テレビの電源を入れたら、番組表の予定どおり番組がやっていた、これも喜びと幸せの一つでしょう。国によっては地域によっては、電源を押してもテレビが映らないところもあり、電波が乱れるところもあり、思うように画像が映らない、音が出ないというところもあるのです。

すでにいただいている９９９０個のものに、私たちはただ気がつけばよいのです。**手に入れる必要はありません。すでにもう手に入っているのですから、手に入れようとする努力はいらない**のです。

すでにいただいているものに対して、ただ気がつくこと。自分がとても恵まれていることに気がつくこと。それに気がついたら、毎日1個ずつ、あるいは毎日10個ずつ感謝をしていったとしても、9990個に感謝し終わるにはずいぶんと時間がかかります。

足りないものを挙げ連ねるよりも、恵まれていることを挙げ連ねていって、それを数え上げるほうがはるかに楽しくて幸せです。

この幸せ論は、底辺の部分で感謝という概念とつながっています。

社会全体が足りないものを挙げ連ねて、それを手に入れなければ、幸せだと思ってはいけない。手に入らないうちは、ずっと不幸なのだということになっていました。

社会全体がそのような価値観で、そのような教育論で来た結果、日本の社会は100%の人が足りないものを挙げて、足りないものが手に入ったら幸せだと思ってよし、という価値観に染まっているはずでした。ところが、世の中というのはおもしろいもので、そのような１００％の教育に対して、そのように思いそのように生きる人が、なんと99％でした。

社会全体がそういう幸せ論、そういう不幸論を教え込んだにもかかわらず、１００％の人がそうなったわけではないのです。１％の人は違う価値観で、違う幸せを見つけ出してしまいました。社会全体が同じことを教えているのに、１００％の人がそういう考えにはならなかったことには訳《わけ》があるのです。

そのような価値観にならなかった１％の人は、病気になったり、事故に遭《あ》ったり、災難・トラブルに巻き込まれた経験のある人たちでした。

この経験をもとにして病気をした人、事故に遭った人、災難・トラブルに巻き込まれたことのある人というのは、なにもない平穏な日々の積み重ねが、どれほどありがたくて幸せであるかということに、体験的に気がついてしまったのです。

普通に朝が来る。そして、そこには湯気の立ったみそ汁があって、湯気の立ったごはんがあって、納豆があり、たくあんがあり、辛子明太子がある、梅干しがある。そのような普通の朝食を取り、普通に電車に揺られ、普通に会社に着き、普通に仕事をし、同僚と冗談を言い合いながら笑い、おいしいコーヒーを飲み、そして、夕方になって帰ってくる。

幸せとは、自分の心の中に、ただそれに気がつくところにあるのだということを知ってしまった人たちが、1％存在するのです。すべてのことはあたりまえではないのです。**すべてのことはすばらしくありがたいことなのだ、と気がついたら、そこには山ほど幸せが転がっています。どれほど数えても数え切れないほど幸せが転がっています。**

これが宇宙の仕組みとしての幸せ論。

幸せというのは足りないものを挙げ連ねて、それを手に入れるものというふうに思っていてもかまわないのですが、もう一つの、すでに自分がいただいているものに気がつき、それに幸せを感じ感謝をすること。

そこに、膨大《ぼうだい》なる幸せと膨大なる感謝の世界が広がっています。

本書は、マキノ出版より刊行された単行本を文庫化したものです。

小林正観（こばやし・せいかん）
　１９４８年東京生まれ。作家。
　学生時代から人間の潜在能力やＥＳＰ現象、超常現象などに興味を抱き、独自の研究を続ける。講演は年に約３００回の依頼があり、全国をまわる生活を続けていた。２０１１年10月逝去。
　著書に『すべてを味方　すべてが味方』『神さまに好かれる話』『運命好転十二条』（以上、三笠書房《知的生きかた文庫》）、『特別付録ＤＶＤ　人生が全部うまくいく「ありがとう」の不思議な力』（三笠書房）、『ありがとうの神様』（ダイヤモンド社）ほか、多数がある。

知的生きかた文庫

幸《こう》も不《ふ》幸《こう》もないんですよ

著　者　小林正観《こばやしせいかん》

発行者　押鐘太陽

発行所　株式会社三笠書房

〒一〇二–〇〇七二　東京都千代田区飯田橋三–三–一

電話〇三–五二二六–五七三四〈営業部〉

　　〇三–五二二六–五七三一〈編集部〉

https://www.mikasashobo.co.jp

印刷　誠宏印刷

製本　若林製本工場

ISBN978-4-8379-8845-8 C0130

C30143